Köhler, Harald

Umstellung des Rechnungswesens von der Kameralistik auf die Doppik

Am Beispiel der Kommunen im Freistaat Sachsen

Diplomica® GmbH

Köhler, Harald: Umstellung des Rechnungswesens von der Kameralistik auf die Doppik, Am Beispiel der Kommunen im Freistaat Sachsen, Hamburg, Diplomica GmbH 2007

ISBN: 978-3-8366-5191-2
Druck Diplomica® GmbH, Hamburg, 2007
Zugl. Staatliche Studienakademie Leipzig, Leipzig, Deutschland, Diplomarbeit, 2006

Bibliografische Information der Deutschen Bibliothek
Die Deutsche Bibliothek verzeichnet diese Publikation in der Deutschen Nationalbibliografie;
detaillierte bibliografische Daten sind im Internet über
<http://dnb.ddb.de> abrufbar.

Dieses Werk ist urheberrechtlich geschützt. Die dadurch begründeten Rechte, insbesondere die der Übersetzung, des Nachdrucks, des Vortrags, der Entnahme von Abbildungen und Tabellen, der Funksendung, der Mikroverfilmung oder der Vervielfältigung auf anderen Wegen und der Speicherung in Datenverarbeitungsanlagen, bleiben, auch bei nur auszugsweiser Verwertung, vorbehalten. Eine Vervielfältigung dieses Werkes oder von Teilen dieses Werkes ist auch im Einzelfall nur in den Grenzen der gesetzlichen Bestimmungen des Urheberrechtsgesetzes der Bundesrepublik Deutschland in der jeweils geltenden Fassung zulässig. Sie ist grundsätzlich vergütungspflichtig. Zuwiderhandlungen unterliegen den Strafbestimmungen des Urheberrechtes.

Die Wiedergabe von Gebrauchsnamen, Handelsnamen, Warenbezeichnungen usw. in diesem Werk berechtigt auch ohne besondere Kennzeichnung nicht zu der Annahme, dass solche Namen im Sinne der Warenzeichen- und Markenschutz-Gesetzgebung als frei zu betrachten wären und daher von jedermann benutzt werden dürften.

Die Informationen in diesem Werk wurden mit Sorgfalt erarbeitet. Dennoch können Fehler nicht vollständig ausgeschlossen werden, und die Diplomarbeiten Agentur, die Autoren oder Übersetzer übernehmen keine juristische Verantwortung oder irgendeine Haftung für evtl. verbliebene fehlerhafte Angaben und deren Folgen.

© Diplomica GmbH
http://www.diplom.de, Hamburg 2007
Printed in Germany

Inhaltsverzeichnis

Abkürzungsverzeichnis .... **III**

Abbildungsverzeichnis .... **V**

1 Einführung 1

2 Das kamerale Haushalts- und Rechnungswesen in Sachsen 1

2.1 Rechtliche & gesellschaftliche Einordnung der Kommune 1

2.2 Grundlagen des öffentlichen Haushalts- und Rechnungswesens 2

2.3 Regelungen zur Einführung der Doppik bei der Kommune 4

3 Aktueller Stand der Umstellung von der Kameralistik auf die Doppik in sächsischen Kommunen 1

3.1 Umfrage bei sächsischen Kommunen 1

3.1.1 Motivation und Ziel der Umfrage 1

3.1.2 Datenbasis 2

3.2 Auswertung der Umfrage 4

4 Die Doppik 14

4.1 Grundlagen der Doppik 14

4.2 Das „Drei-Komponenten-System" 15

4.3 Vorteile der Doppik im Vergleich zur Kameralistik 19

5 Leitfaden zur Umstellung des Rechnungswesens einer sächsischen Kommune von der Kameralistik auf die Doppik 20

5.1 Projektmanagement als Organisationsform für den Umstellungsprozess 20

5.2	Projektvorbereitung	22
5.2.1	Projektantrag und –auftrag	22
5.2.2	Projektorganisation	23
5.2.3	Finanzieller Aspekt des Projektes	24
5.2.4	Projektmarketing	25
5.3	Projektplanung	27
5.3.1	Zielsetzung	27
5.3.2	Projektstrukturplan	27
5.3.3	Projektphasen	29
5.3.4	Ressourcenplanung	32
5.4	Projektrealisierung	34
5.4.1	Aufstellung des Haushaltsplanes auf doppischer Basis	34
5.4.2	Produkte, Budgetierung und KLR	36
5.4.3	Erstellung der Eröffnungsbilanz	38
	5.4.3.1 Erfassung des Vermögens und der Schulden	38
	5.4.3.2 Bewertung von Grund und Boden	45
	5.4.3.3 Bewertung von Gebäuden	50
5.4.4	Organisation des Rechnungswesens	55
5.4.5	Integration der Finanzsoftware	59
5.4.6	Mitarbeiterqualifizierung	61
5.5	Projektcontrolling	64

6 Nutzen der Einführung der Doppik für die sächsische Kommune 66

7 Schlussbetrachtung 67

Literatur- und Quellenverzeichnis VII

Abkürzungsverzeichnis

Abs.	Absatz
BauGB	Baugesetzbuch
BRW	Bodenrichtwert
bzw.	beziehungsweise
d. h.	das heißt
EK	Eigenkapital
evtl.	eventuell
ff.	fortfolgende
FK	Fremdkapital
gem.	gemäß
GemHVO	Gemeindehaushaltsverordnung
ggf.	gegebenenfalls
GmbH	Gesellschaft mit beschränkter Haftung
GND	Gesamtnutzungsdauer
GuV	Gewinn- und Verlust-Rechnung
HGB	Handelsgesetzbuch
i. d. R.	in der Regel
i. S.	im Sinne
i. V. m.	in Verbindung mit
i. w. S.	im weitesten Sinne
IMK	Innenministerkonferenz
KGSt	Kommunale Gemeinschaftsstelle für Verwaltungsmanagement
KIRP	Kommunales Integriertes Rechnungs- und Planungssystem
KLR	Kosten- und Leistungsrechnung

KomHVO	Kommunalhaushaltsverordnung
KomKBVO	Kommunale Kassen- und Buchführungsverordnung
KomKVO	Kommunalkassenverordnung
m²	Quadratmeter
NHK	Normalherstellungskosten
NKF	Neues Kommunales Finanzmanagement
Nr.	Nummer
NRW	Nordrhein-Westfalen
o. ä.	oder ähnliches
o. g.	oben genannt
PPP	Public Private Partnership
RND	Restnutzungsdauer
S.	Seite
SäGemO	Sächsische Gemeindeordnung
SäHO	Sächsische Haushaltsordnung
SMI	Staatsministerium des Innern
u. a.	unter anderem
usw.	und so weiter
v.	von, vom
vgl.	vergleiche
WaldR	Waldwertbewertungsrichtlinie
WertV	Wertermittlungsverordnung
z. B.	zum Beispiel

Abbildungsverzeichnis

Nr.	Bezeichnung	Seite
1	Rücklauf- bzw. Teilnahmequote der Befragung	4
2	Prozentuale Ergebnisse der Frage 1	5
3	Prozentuale Ergebnisse der Frage 2	7
4	Prozentuale Ergebnisse der Frage 3	8
5	Prozentuale Ergebnisse der Frage 4	9
6	Prozentuale Ergebnisse der Frage 5	11
7	Prozentuale Ergebnisse der Frage 6	12
8	Das „Drei-Komponenten-System" des doppischen Rechnungswesens	15
9	Vermögensrechnung (Bilanz) des doppischen Rechnungswesens	16
10	Finanzrechnung (Kapitalflussrechnung) des doppischen Rechnungswesens	17
11	Ergebnisrechnung (Gewinn- und Verlustrechnung) des doppischen Rechnungswesens	18
12	Schematische Darstellung der Zusammenhänge zwischen den Planungsebenen und den Planungselementen	31
13	Ableitung des Ergebnis- und Finanzplans aus dem kameralen Haushaltsplan	35
14	Ableitung des Ergebnisplans aus der KLR und des Finanzplans aus dem Vermögenshaushalt und dem Ergebnisplan	36
15	ABC-Analyse zur Prioritätenbildung	39
16	Der Weg von der Inventur zur Eröffnungsbilanz	41
17	Überblick über die Aufgaben des Rechnungswesens und Zuständigkeiten	56
18	Pro und Contra dezentraler und zentraler Kontierung	58
19	Pro und Contra dezentraler und zentraler Buchung	58
20	Steuerungsdreieck des Projekt-Controlling	65

1 Einführung

Bereits seit Ende der 90er-Jahre steht der Umstieg von der Kameralistik auf ein doppisches Haushalts- und Rechnungswesen im Zentrum der Bestrebungen zur Modernisierung der öffentlichen Verwaltungen.

Ausgangspunkt für die Ablösung der traditionellen Kameralistik in der kommunalen Verwaltung war der Beschluss der Innenministerkonferenz vom 11. Juni 1999 über die „Konzeption zur Reform des kommunalen Haushaltsrechts".

Darin werden zwei Reformoptionen genannt:

- eine wesentlich erweiterte Kameralistik (partielles Ressourcenverbrauchskonzept)

und

- ein Haushalts- und Rechnungswesen auf Grundlage der doppelten kaufmännischen Buchführung (Doppik, vollständiges Ressourcenverbrauchskonzept).

Zu beiden Reformoptionen liegen mittlerweile Leittexte und Musterentwürfe der Innenministerkonferenz für die haushaltsrechtliche Umsetzung vor. Die Innenministerkonferenz empfiehlt mit Beschluss vom 21. November 2003[1], diese Regelungsentwürfe zur Grundlage für die Umsetzung der Haushaltsrechtsreformen in den Ländern zu machen.

Damit waren die Voraussetzungen dafür geschaffen, dass die entsprechenden Regelungen in die Gesetzgebungsverfahren der Länder gelangen.

Nordrhein-Westfalen hat das Gesetzgebungsverfahren zur landesweiten Doppikeinführung bereits Ende 2004 abgeschlossen. Die Übergangsfrist für die Umstellung läuft von 2005 bis 2008. Ab 2009 ist die Doppik für alle Kommunen in NRW verbindlich.

Ähnliche Regelungen streben auch die Länder Niedersachsen, Sachsen-Anhalt und Rheinland-Pfalz an. Auch hier wird die Doppik in den nächsten Jahren für alle Kommunen verbindlich[2].

In allen Bundesländern soll laut Beschluss der Innenministerkonferenz vom 21. November 2003[3] bis spätestens 2011 die Umstellung auf die Doppik abgeschlossen sein.

---

[1] Vgl. Beschluss IMK vom 21.11.2003
[2] Vgl. www.kpmg.de
[3] Vgl. Beschluss IMK vom 21.11.2003

Bisher ist in Sachsen die Umstellung der öffentlichen Verwaltung von der Kameralistik auf die Doppik nur sehr wenig vorangeschritten. Lediglich Radebeul und Dresden befinden sich bereits im Umstellungsprozess und spielen somit die Vorreiterrolle auf diesem Gebiet in Sachsen[4]. Sachsen liegt in der Bundesrepublik in der Umstellung auf die Doppik damit weit hinten. Die ersten Entwürfe zu Bewertungsfragen sind in Sachsen erst am 15. Juli 2006 vom Staatsministerium des Innern (SMI) veröffentlicht worden und liegen den Kommunen zur Information vor.

Ziel dieser Diplomarbeit ist es, einen Leitfaden zur Umstellung des Rechnungswesens von der Kameralistik auf die Doppik auf Grundlage der Regelungsentwürfe aus Nordrhein-Westfalen für die sächsischen Kommunen zu entwickeln. Dabei wird das Konzept nicht direkt an einer Kommune entwickelt, da aufgrund eventueller Besonderheiten einer Kommune das Gesamtkonzept nicht mehr auf andere Kommunen anwendbar wäre. Es soll ein einheitliches Grundkonzept erarbeitet werden, welches als Grundlage für jede Kommune in Sachsen anwendbar sein soll.

Da bereits viele Konzepte, wie z. B. die Regelungsentwürfe aus Nordrhein-Westfalen, vorhanden sind, soll diese Arbeit die umfangreichen bereits vorhandenen Informationen auf ein anwenderfreundliches Maß verdichten. Daraus resultiert auch das Ziel, die Kommunen - die sich bisher noch nicht weiter mit der Umstellung auf die Doppik auseinandergesetzt haben - mit einem verdichteten Leitfaden für die Umstellung zu sensibilisieren und dabei mit den wesentlichen Grundinformationen zu versorgen.

Im empirischen Teil der Arbeit wird im Vorfeld ermittelt, ob und in welchem Umfang der Umstellungsprozess in den Kommunen in Sachsen bereits begonnen hat. Mit dieser Untersuchung soll festgestellt werden, wie weit sich die sächsischen Kommunen bereits im Transformationsprozess befinden und ob die Kommunen den Prozess vorwiegend durch interne oder vorwiegend durch externe Mitarbeiter bewältigen bzw. bewältigen werden. Die empirische Untersuchung wird auf Grundlage einer telefonischen Umfrage unter sächsischen Gemeinden durchgeführt. Die Ergebnisse der empirischen Untersuchung werden dann bei der Erarbeitung des Leitfadens zur Umstellung auf die Doppik in verschiedenen Bereichen mit einfließen.

Vor eine große Herausforderung im Umstellungsprozess werden die Mitarbeiter der Verwaltung vor allem bei der Erfassung und Bewertung des Vermögens gestellt.

---

[4] Vgl. www.doppik-sachsen.de

Deshalb werden der Bewertung des Vermögens im Rahmen der Erarbeitung des Leitfadens und der Mitarbeiterqualifizierung im Rahmen der telefonischen Umfrage besondere Aufmerksamkeit gewidmet.

Bereits im Beschluss der Innenministerkonferenz vom 21. November 2003 wird auf den Umfang der notwendigen Mitarbeiterqualifizierung hingewiesen[5]: „Der Schulungs- und Fortbildungsbedarf des Personals ist erheblich."

Bei der Erarbeitung des Leitfadens zur Umstellung auf die Doppik in Punkt 5 wird sich auf die Anforderungen an ein Haushalts- und Rechnungswesen auf doppischer Basis beschränkt. Die Arbeit orientiert sich daher am Rechnungsmodell auf doppischer Basis. Die nähere Untersuchung der erweiterten Kameralistik ist nicht Gegenstand der Untersuchung.

Für die kleineren Kommunen gilt der erarbeitete Leitfaden gleichermaßen. Es ist aber zu berücksichtigen, dass in einer kleineren Kommune die detaillierte Ausgestaltung des Projektes stärker personenabhängig ist. Gleichzeitig werden in einer kleineren Kommune weniger Regeln und Formalismen notwendig sein, um die Handlungs- und Entscheidungsfähigkeit sicherzustellen. Außerdem wird die Notwendigkeit zu einem umfangreichen **Projektmanagement** hier als weniger bedeutsam eingeschätzt.[6]

Gleiches gilt für den fachinhaltlichen, also betriebswirtschaftlichen Detaillierungsgrad. Kleine Kommunen haben die Möglichkeit, wesentliche Schritte der Umsetzung mit allen Beschäftigten gemeinsam und gleichzeitig zu gehen. Diese Tatsache ist für die kleinen Kommunen eine gute Gelegenheit, die Einführung des Neuen Haushalts- und Rechnungswesens zügig zu bewältigen.

Es ist darauf hinzuweisen, dass der erarbeitete Leitfaden aufgrund des begrenzten Umfangs dieser Arbeit zwar keinen Anspruch auf Vollständigkeit, aber auf Wesentlichkeit hat. Die Ausführungen begrenzen sich auf die wesentlichen betriebswirtschaftlichen Erfordernisse.

---

[5] Vgl. Beschluss IMK vom 21.11.2003, S. 4
[6] Vgl. Ridder, H.-G.; Bruns, H.-J.; Spier, F. (2003), S. 115.

2 Das kamerale Haushalts- und Rechnungswesen in Sachsen

2.1 Rechtliche & gesellschaftliche Einordnung der Kommune

Aufgrund des föderalen Staatsaufbaus sind die Verwaltungsaufgaben in der Bundesrepublik Deutschland auf Bund, Länder und Kommunen aufgeteilt[7].
Kommunen sind **Gebietskörperschaften** mit verfassungsgemäßer **Selbstverwaltungsgarantie**. Dabei sind die Kommunen generell für alle lokalen öffentlichen Aufgaben zuständig. Im Allgemeinen können die Aufgaben der Kommune in Pflichtaufgaben und freiwillige Aufgaben unterteilt werden. Pflichtaufgaben sind z. B. die Bereitstellung des Meldewesens, der Abfallbeseitigung und der Straßenreinigung. Freiwillige Aufgaben sind z. B. Angebote wie das Theater, der Sport oder die Stadtbibliothek. Welche freiwilligen Aufgaben eine Kommune wahrnimmt, richtet sich vor allem nach ihrer finanziellen Leistungsfähigkeit und wird vom örtlichen politischen Willen bestimmt - in der Regel durch Beschlüsse der kommunalen gewählten Vertretungen wie Gemeinderat, Stadtverordnetenversammlung, Kreistag o. ä..

So wird z. B. eine große Gemeinde durchaus ein Theater unterhalten oder den Sport durch öffentliche Einrichtungen fördern, während eine kleine Gemeinde diese Aufgaben nicht oder nicht im selben Umfang wahrnehmen kann.

Ziel der Kommunen ist nicht die Gewinnmaximierung, sondern die Gemeinwirtschaftlichkeit, die der Mehrung des Gemeinwohls dient. Insbesondere durch das **Kostendeckungsprinzip**[8] wird sichergestellt, dass Kommunen lediglich Abgaben in einer Höhe erheben, die nach Abzug der Kosten nicht zu Gewinnen führen.

Die Kommunen nehmen ihre Aufgaben in vielfältigen öffentlich-rechtlichen und privatrechtlichen Rechts- und Organisationsformen wahr. Dabei werden komplette Verwaltungsbereiche ausgegliedert (Outsourcing). Diese Bereiche firmieren dann als Eigenbetriebe oder GmbH. Die kommunalen Entscheidungsträger versprechen sich von den Ausgliederungen eine höhere Effektivität und Wirtschaftlichkeit.

---

[7] Vgl. www.bund.de
[8] i. d. R. in den Kommunalabgabengesetzen der Bundesländer geregelt

Die wichtigsten Gründe für Ausgliederungen sind u. a.:

- flexiblere Führung,
- flexiblere und kostengünstigere Personalwirtschaft,
- höhere Leistungsmotivation,
- Reduktion von Haftungsrisiken,
- bessere Finanzierungs- und Kooperationsmöglichkeiten (z. B. in Form von PPP[9]),
- effektiveres Prüfwesen,
- Nutzung steuerlicher Vorteile,
- Umgehung des Vergaberechts und Verdingungsrechts.

Um die Effektivität und Wirtschaftlichkeit eines heraus gegliederten Verwaltungsbereiches ordnungsgemäß mit einem Verbleib in der Verwaltung vergleichen zu können, ist ein einheitliches Rechnungswesen erforderlich. Nach dem Eigenbetriebsgesetz haben Ausgliederungen selbst bereits ein betriebswirtschaftliches Rechnungswesen anzuwenden. Da die Kommunalverwaltung selbst die kamerale Buchführung anwendet, sind bisher die betriebswirtschaftlichen Kennzahlen wie Effektivität und Wirtschaftlichkeit einer Ausgliederung zwar genau definierbar, aber nicht vergleichbar mit den Kennzahlen der Verwaltung.

2.2 Grundlagen des öffentlichen Haushalts- und Rechnungswesens

Die rechtliche Grundlage für die Arbeit im öffentlichen Haushalts- und Rechnungswesen auf Grundlage der Kameralistik bildet die Sächsische Haushaltsordnung (SäHO).
Die SäHO ist die Grundlage für die Landesverwaltung.
In § 2 der SäHO wird die Bedeutung des Haushaltsplanes dargestellt:
„Der Haushaltsplan dient der Feststellung und Deckung des Finanzbedarfs, der zur Erfüllung der Aufgaben des Staates im Bewilligungszeitraum voraussichtlich notwendig ist. Der Haushaltsplan ist Grundlage für die Haushalts- und Wirtschaftsführung. Bei seiner Aufstellung und Ausführung ist den Erfordernissen des gesamtwirtschaftlichen Gleichgewichts Rechnung zu tragen."

---

[9] PPP = Public Private Partnership (Öffentlich-Private Partnerschaften) – Zusammenarbeit zwischen öffentlicher Hand und privater Wirtschaft

Um mehr Transparenz bei z. B. dem Verbrauch von Ressourcen und der Vermögenslage der Kommune zu erreichen, ist bereits in mehreren Bundesländern, wie auch in Sachsen, eine Umstellung auf die Doppik geplant bzw. wie in Nordrhein-Westfalen in einigen Gemeinden im Rahmen des Projektes "Neues Kommunales Finanzmanagement - NKF-" bereits komplett abgeschlossen[10]. Dabei bildet dieses Projekt - mit den beim Umstellungsprozess gesammelten Erfahrungen und Informationen - die Grundlage für die Umstellung in andern Bundesländern wie Sachsen. Die Umstellung verursacht erhebliche Kosten, da vor allem die erstmalige Erfassung und Bewertung des Vermögens und der Schulden sehr aufwendig ist. Aufgrund des dann möglichen Kostenvergleichs können zahlreiche Verwaltungsaufgaben (z. B. Liegenschaftsverwaltung, Personalverwaltung, Sozialverwaltung) zukünftig komplett ausgegliedert werden, wenn die Kennzahlen wie Effektivität und Wirtschaftlichkeit die Ausgliederung sinnvoll erscheinen lassen (Outsourcing).

Mit den §§ 7 (3) und 7a SäHO ist eine Grundlage für die Umstellung auf die Doppik im Rechnungswesen des Landes geschaffen:

„In geeigneten Bereichen **soll** eine Kosten- und Leistungsrechnung eingeführt werden."[11]

„In Ergänzung zu kameraler Planaufstellung, Haushaltsvollzug und Rechnungslegung **können** über eine Kosten- und Leistungsrechnung als internes Rechnungswesen hinaus weitere betriebswirtschaftliche Steuerungsinstrumente eingeführt werden, wenn dies zu einer erhöhten Wirtschaftlichkeit (Effizienz) und Wirksamkeit (Effektivität) staatlichen Handelns führt."[12]

Die Wörter „soll" und „können" sind ein Hinweis darauf, dass bisher in Sachsen lediglich eine freiwillige Umstellung auf die Doppik vorgesehen ist[13].

Die parallelen gesetzlichen Grundlagen für die Aufstellung eines Haushaltsplanes im Rahmen des kommunalen Rechnungswesens sind die Sächsische Gemeindeordnung (SäGemO) und die Kommunalhaushaltsverordnung (KomHVO). Zur Aufstellung des Kassenplanes der Gemeinde gelten ergänzend die Vorschriften der Kommunalen Kassen- und Buchführungsverordnung (KomKBVO).

Während der Bearbeitungszeit dieser Diplomarbeit wurden am 15. Juli 2006 erste Entwurfstexte zur SäGemO, KomHVO und KomKBVO auf doppischer Basis veröffentlicht und zur Diskussion freigegeben.

---

[10] Vgl. www.doppik-nrw.de
[11] Vgl. § 7 (3) SäHO
[12] Vgl. § 7a (1) SäHO
[13] Vgl. mit 2.4

2.3 Regelungen zur Einführung der Doppik bei der Kommune

Ab dem Jahr 2008 kann in Sachsen die freiwillige Umstellung auf die Doppik (doppelte Buchführung in Konten) beginnen. Wie lange diese Freiwilligkeitsphase dauern wird ist noch nicht festgelegt.

In allen Bundesländern soll laut Beschluss der Innenministerkonferenz vom 21. November 2003 aber bis spätestens 2011 die Umstellung auf die Doppik abgeschlossen sein.

Jede Kommunalverwaltung sollte sich deshalb schon heute mit der Kommunalen Doppik befassen[14]. Die wichtigsten Begriffe in Verbindung mit der Einführung der Doppik sind u. a. „Inventur" und „Bewertung". Gerade diese beiden Prozesse werden die Verwaltung am meisten in Anspruch nehmen und damit am kostenintensivsten sein. In der Vorbereitung auf die Umstellung auf die Doppik stellen sich daher u. a. folgende Fragen:

1. Können die Kommunen diese Arbeiten allein oder nur mit Hilfe externer Fachkräfte bewältigen?
2. Wie lange dauert die Vorbereitungszeit?
3. Welche Tätigkeiten müssen erledigt werden?

Zur Beantwortung dieser Fragen ist es für die sächsischen Kommunen von Vorteil, dass der Freistaat Sachsen - im Vergleich zu anderen Bundesländern - den Kommunen für die Umstellung auf die Doppik mehr Zeit lässt. So haben die Sachsen die Möglichkeit von den Fehlern anderer Bundesländer zu lernen und auf bereits vorhandene Erfahrungen aufzubauen.

Unter dem Hauptthema „Einführung der Doppik" stand auch das am 20./21. September 2005 stattgefundene Anwendertreffen KIRP in Bad Neuenahr. Bei dieser Veranstaltung waren u. a. mehrere sächsische Kommunen anwesend, welche die Gelegenheit zum regen und konstruktiven Erfahrungsaustausch mit anderen Kommunen nutzten.

Sowohl bereits umgestellte Kommunen in anderen Bundesländern als auch kommunale Spitzenverbände meinten, dass man Kosten, die durch Einbeziehung externer Berater und Gutachter entstehen, vermeiden kann. Die sächsischen Kommunen sind aufgrund der angebotenen Software selbstständig in der Lage, die Tätigkeiten in der vorgegebe-

---

[14] Vgl. www.doppik-sachsen.de

nen Zeit zu bewältigen. Dabei ist jedoch zu beachten, dass ein vorbildliches Projektmanagement Voraussetzung für ein gutes Gelingen ist.[15]

---

[15] Vgl. www.doppik-sachsen.de

3 Aktueller Stand der Umstellung von der Kameralistik auf die Doppik in sächsischen Kommunen

3.1 Umfrage bei sächsischen Kommunen

3.1.1 Motivation und Ziel der Umfrage

Aufgabe und Ziel dieser Diplomarbeit ist es, aus bereits vorhandenen Regelungsentwürfen, einen verdichteten Leitfaden zur Umstellung auf die Doppik in den Kommunen in Sachsen zu entwerfen.

Da es in Sachsen lediglich eine freiwillige Übergangsphase zur Doppik ab 2008 gibt, der Übergang zur Doppik aber bereits in allen Bundesländern laut Beschluss der Innenministerkonferenz vom 21. November 2003 bis spätestens 2011 abgeschlossen sein soll, ist zu erwarten, dass die freiwillige Übergangsphase zur Doppik - aufgrund des engen Zeitplanes bis 2011 - schon bald zu einer verpflichtenden Übergangsphase wird.

Aus diesen Gründen wurde eine Umfrage durchgeführt.

Mit dieser Umfrage soll festgestellt werden, ob und in welchem Umfang der Umstellungsprozess in den Kommunen in Sachsen bereits begonnen hat.

Dies geschieht vor allem mit dem Hintergrund, dass bereits seit Ende 2003 bekannt ist, dass die öffentlichen Verwaltungen den Übergang zur Doppik bis 2011 abgeschlossen haben sollen.

Auch wenn es für den Übergang zur Doppik bisher in Sachsen keine gesetzliche und damit verbindliche Grundlage gibt, sollten gerade die Kommunen aufgrund des bekannten Termins 2011 kurzfristige Gesetzesentscheidungen erwarten und sich schon im Vorfeld auf den Übergang zur Doppik vorbereiten, um nicht in Zeitdruck zu geraten.

Ziel der Umfrage ist es, festzustellen, wie weit sich tatsächlich die sächsischen Kommunen bereits im Transformationsprozess befinden.

Weiterhin soll Kenntnis darüber erlangt werden, ob die Kommunen den Prozess vorwiegend durch interne oder vorwiegend durch externe Mitarbeiter bewältigen bzw. bewältigen werden.

Anhand der Umfrage kann dann bestimmt werden, wie gut die Mitarbeiter der Kommunen in Sachsen bereits heute auf die Doppik im Rahmen der Mitarbeiterqualifizierung vorbereitet sind.

3.1.2 Datenbasis

Voraussetzung für die Befragung der Kommunen ist, dass diese selbständig für die eigene Verwaltung zuständig sind und nicht in einer Verwaltungsgemeinschaft mit einer größeren Kommune stehen[16].

In Sachsen gibt es zur Zeit 511 selbständige Kommunen und 22 Landkreise[17]. Durch Verwaltungsreformen in den letzten Jahren ist die Anzahl von ursprünglich etwas mehr als 1.400 Kommunen auf diese Anzahl gesunken. Aktuell sind weitere Verwaltungsreformen in der Diskussion, die die Zahl der selbständigen Kommunen und der Landkreise weiter verringern sollen.

Für die Umfrage wurden jeweils zwei Kommunen in jedem der 22 Landkreise in Sachsen ausgewählt.

Um einen repräsentativen Querschnitt der Kommunen in Sachsen sicherstellen zu können, wurden so genannte statistische Ausreißer wie besonders kleine Kommunen (weniger als 2.000 Einwohner) und besonders große Kommunen (mehr als 50.000 Einwohner) von der Befragung ausgeschlossen. Es ist darauf hinzuweisen, dass oft Gebiete mit weniger als 2.000 Einwohnern zu einer Verwaltungsgemeinschaft mit einer größeren Kommune gehören und somit von der Umstellung auf die Doppik selbst nicht direkt betroffen sind bzw. nur im Zusammenhang mit der größeren Kommune. Selbständige Kommunen mit weniger als 2.000 Einwohnern und Kommunen mit mehr als 50.000 Einwohnern sind in Sachsen sehr selten. Somit könnte die Befragung solcher Kommunen bei einer Stichprobe von 44 Kommunen das Ergebnis der Untersuchung verzerren. Es wird sichergestellt, dass die Umfrage repräsentativ für Sachsen ist und die daraus ermittelten Resultate nahezu den Gegebenheiten in ganz Sachsen entsprechen. Die Umfrage wurde im August 2006 telefonisch durchgeführt. Es wurde jeweils mit der zuständigen Kämmerin bzw. dem zuständigen Kämmerer gesprochen. Zur Untersuchung der derzeitigen Situation in Sachsen wurden folgende Fragen gestellt:

---

[16] in Ausnahmefällen werden trotz Verwaltungsgemeinschaft eigenständige Haushalte aufgestellt
[17] Quelle: Statistisches Landesamt Kamenz v. 31.03.2006

Umstellung des Rechnungswesens von der Kameralistik auf die Doppik
Am Beispiel der Kommunen im Freistaat Sachsen

1. Wie weit sind Sie mit der Umstellung auf die Doppik bereits vorangeschritten? (noch nicht begonnen / bereits begonnen / bereits abgeschlossen)
2. Glauben Sie, dass Ihre Mitarbeiter zum jetzigen Zeitpunkt bereits fachlich ausreichend auf den Umstellungsprozess auf die Doppik vorbereitet sind? (ja / nein)
3. Qualifizieren Sie Ihre Mitarbeiter bereits jetzt in Richtung der Doppik weiter? (ab und zu / regelmäßig / gar nicht)
4. Setzen Sie bei der Umstellung auf die Doppik eher auf die internen Ressourcen der Verwaltung (z. B. durch entsprechende Qualifizierung Ihrer Mitarbeiter) oder setzen Sie bei diesem Prozess eher auf die Unterstützung von externen Beratern? (intern / extern / beides in gleichen Teilen)
5. Die Umstellung auf die Doppik soll laut Beschluss der Innenministerkonferenz bis 2011 abschließend vollzogen sein. Glauben Sie, dass Sie die Umstellung rechtzeitig (bis 2011) realisieren können? (ja / nein – Wann? / bereits abgeschlossen)
6. Wie schätzen Sie den Zeitaufwand bei der Umstellung auf die Doppik - ab dem Zeitpunkt des Vorliegens der entsprechenden gesetzlichen Grundlagen - ein? (Angabe in Jahren)

3.2 Auswertung der Umfrage

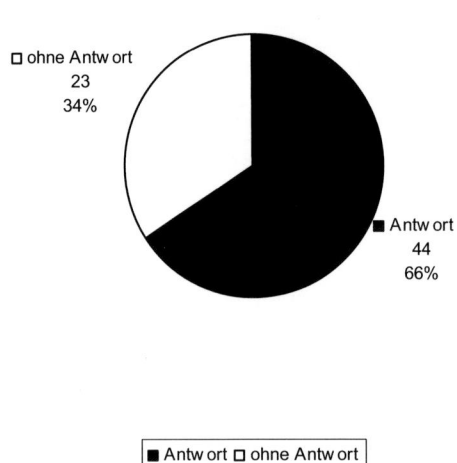

Abbildung 1: Rücklauf- bzw. Teilnahmequote der Befragung

Da man in einer telefonischen Umfrage die Antwortbereitschaft mit der Rücklaufquote einer schriftlichen Umfrage vergleichen kann, wird hier als erstes die Rücklaufquote der Befragung berechnet. Alternativ kann man diese Quote auch als Teilnahmequote bezeichnen.

Die notwendige Teilnehmerzahl für die Umfrage war abweichend von einer regulären Umfrage im Vorfeld festgelegt. Um einen repräsentativen Querschnitt durch die sächsische Kommunenlandschaft gewährleisten zu können, sollten aus den vorhandenen 22 Landkreisen in Sachsen jeweils genau zwei Kommunen an der Umfrage teilnehmen. Im Idealfall waren die zwei teilnehmenden Kommunen jeweils eine kleinere und eine größere Kommune. Dieser Idealfall konnte fast durchgehend eingehalten werden.

Um die genaue Zahl von 44 Kommunen sicherstellen zu können, wurden in jedem Landkreis so viele Kommunen angerufen, bis zwei Kommunen an der Umfrage teilgenommen haben. Sobald die notwendige Zahl der Kommunen erreicht war, wurde die Umfrage beendet. Die Teilnahmequote bzw. Rücklaufquote lässt sich ermitteln, in dem man die teilnehmenden Kommunen in das Verhältnis zu den angerufenen Kommunen setzt.

Insgesamt wurde bei 67 Kommunen in Sachsen telefonisch direkt bei den zuständigen Kämmerern angefragt.

Dabei haben 44 von 67 Kommunen die Fragen direkt am Telefon beantwortet. 23 verweigerten die Auskunft.

Dies entspricht einer Teilnahme- bzw. Rücklaufquote von **66 %.**

Für die folgenden Fragen entspricht nun der Wert von 44 Kommunen einem absoluten Anteil von 100 %.

Frage 1: Wie weit sind Sie mit der Umstellung auf die Doppik bereits vorangeschritten?

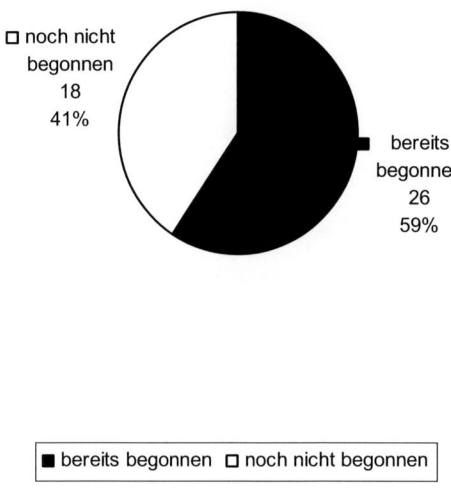

Abbildung 2: Prozentuale Ergebnisse der Frage 1

Die erste Frage soll Aufschluss darüber geben, inwieweit die Kommunen sich bereits mit den Fragen zur Umstellung auf die Doppik auseinandersetzen. Dabei spielt die Beschlussfassung zur Umstellung auf die Doppik keine Rolle. Es wird lediglich ermittelt, mit welchem Interesse sich die Kommunen bereits jetzt der zukünftigen Aufgabe widmen.

59 % der befragten Kommunen haben angegeben, dass Sie mit der Umstellung auf die Doppik bereits begonnen haben. Dabei sind die Vorbereitungshandlungen aber stark einzugrenzen. Nahezu durchweg wurde angegeben, dass sich diese Vorbereitungshandlungen auf die Erfassung des Anlagevermögens beschränken. Weitergehende Handlungen wie z. B. die Bewertung des Anlagevermögens, sind nicht Bestandteil der Vorbereitungshandlungen.

Zu begründen sind diese Beschränkungen mit der immer noch stark verbreiteten Unsicherheit in Bezug auf die Einführung der Doppik.

In Sachsen fehlen noch immer verbindliche, gesetzliche Grundlagen, die u. a. die Bewertung des Vermögens regeln.

Selbst wenn die Kommunen auf Grundlage bereits vorhandener Grundlagen aus anderen Bundesländern die Umstellung auf die Doppik ansatzweise vollziehen würden, so wäre diese Arbeit umsonst, sobald es in Sachsen gesetzliche Grundlagen gäbe, die von denen der anderen Bundesländer abweichen. Dann wäre z. B. die Bewertung erneut durchzuführen.

Dieser Argumentation schließen sich zum großen Teil auch die **41 %** der Kommunen an, die noch keine Vorbereitungen jeglicher Art für die Umstellung auf die Doppik getroffen haben.

Diese warten entsprechende verbindliche gesetzliche Regelungen ab, bevor sie mit dem Umstellungsprozess beginnen.

Ein Kämmerer sagte sinngemäß: „Wer zuletzt beginnt, gewinnt."

Damit ist gemeint, dass gerade die Kommunen, die die Entwicklung und gesetzlichen Grundlagen abwarten, die Umstellung dann effektiver durchführen können, da sie von den Erfahrungen der anderen Kommunen profitieren können und dadurch gemachte Fehler der anderen Kommunen verhindern können.

Die Aussage ist nachvollziehbar. Gleichzeitig muss man aber beachten, dass man aus Fehlern nicht lernen kann, wenn sie nicht gemacht wurden. Somit bilden die Kommunen, die bereits heute im Rahmen der Doppik weit vorangeschritten sind, die Grundlage für Kommunen, die noch abwarten.

Insgesamt kann man aber sagen, dass bis auf wenige Ausnahmen wie Radebeul oder Dresden - die nicht Teilnehmer dieser Befragung waren – die Kommunen zurückhaltend auf die Einführung der Doppik reagieren. Gleichzeitig bereitet sich die Mehrheit der Kommunen aber bereits jetzt - im Rahmen ihrer Möglichkeiten – auf die Doppik vor.

Frage 2: Glauben Sie, dass Ihre Mitarbeiter zum jetzigen Zeitpunkt bereits fachlich ausreichend auf den Umstellungsprozess auf die Doppik vorbereitet sind?

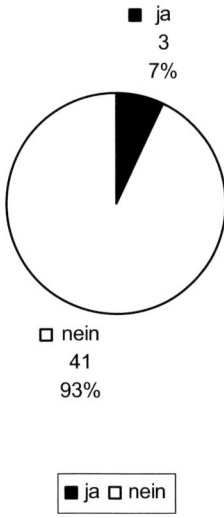

Abbildung 3: Prozentuale Ergebnisse der Frage 2

Mit der zweiten Frage können die aktuellen Fähigkeiten der Mitarbeiter in der Verwaltung i. V. m. der Umstellung auf die Doppik eingeschätzt werden.

Sehr eindeutig geht aus dieser Frage hervor, dass die Kämmerer ihre Mitarbeiter zum jetzigen Zeitpunkt noch nicht dazu in der Lage sehen, den Umstellungsprozess fachlich bewältigen zu können.

93 % der Kämmerer sehen die eigenen Mitarbeiter derzeit nicht ausreichend für den kommenden Umstellungsprozess qualifiziert.

Daraus resultiert, dass entsprechende Qualifizierungsmaßnahmen in der näheren Zukunft unverzichtbar sind. Gleichzeitig unterstreicht dieser Wert die Aussage der Innenministerkonferenz vom 21. November 2003[18]: „Der Schulungs- und Fortbildungsbedarf des Personals ist erheblich."

---

[18] Vgl. Beschluss IMK vom 21.11.2003, S. 4

Frage 3: Qualifizieren Sie Ihre Mitarbeiter bereits jetzt in Richtung der Doppik weiter?

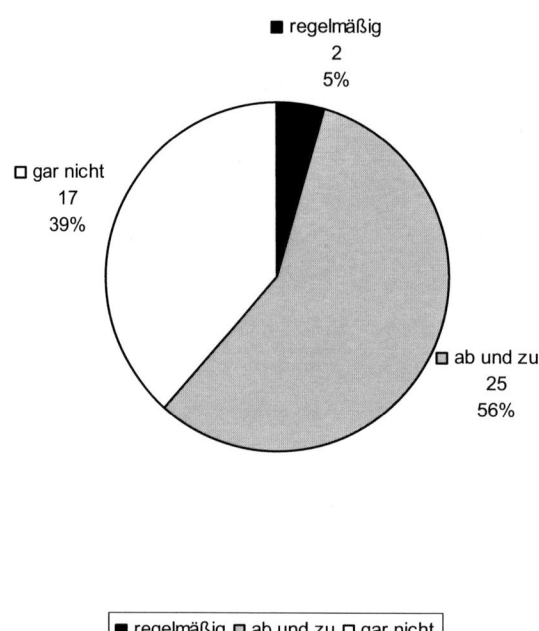

Abbildung 4: Prozentuale Ergebnisse der Frage 3

Gleichzeitig können mit der dritten Frage bereits gestartete Qualifizierungsbemühungen der Verwaltung ermittelt werden.

Insgesamt werden die Mitarbeiter bereits heute in **56 %** der Verwaltungen ab und zu auf dem Gebiet der Doppik weitergebildet, in **5 %** der Verwaltungen sogar regelmäßig.

Vor dem Hintergrund, dass es noch keine verbindlichen gesetzlichen Grundlagen zur Umstellung auf die Doppik in Sachsen gibt, ist es durchaus anzuerkennen, dass bereits nahezu **zwei Drittel (61 %)** der sächsischen Kommunen ihre Mitarbeiter zumindest ab und zu in Richtung der Doppik weiterbilden.

Es ist in diesem Zusammenhang auch anzumerken, dass es bisher wenige Bildungsangebote auf diesem Gebiet für die Mitarbeiter in den Kommunen gibt. Kommunen, die ab und zu **(56 %)** auf dem Gebiet der Doppik weiterbilden lassen, nehmen zumeist diese wenigen Angebote auch wahr. Kommunen, die zum jetzigen Zeitpunkt ihre Mitarbeiter noch gar nicht weiterbilden **(39 %)** gaben zumeist an, dass Voraussetzung für die Weiterbildung der Mitarbeiter neben dem Vorhandensein eindeutiger rechtlicher Grundlagen auch das Angebot an Weiterbildungsmaßnahmen entsprechend dieser Grundlagen vorhanden sein muss.

Hier spielt wieder die Unsicherheit i. V. m. der Umstellung auf die Doppik in Sachsen eine entscheidende Rolle. Die Frage, die sich einige Kommunen in diesem Zusammenhang stellen, ist: „Wie soll ich die Mitarbeiter sinnvoll weiterbilden, wenn ich die entsprechenden gesetzlichen Grundlagen noch gar nicht kenne?"

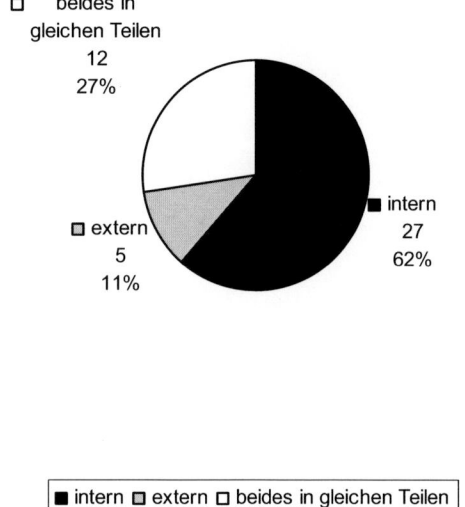

Abbildung 5: Prozentuale Ergebnisse der Frage 4

Mit der vierten Frage sollten nähere Informationen dazu gesammelt werden, inwieweit die Verwaltungen bei der Umsetzung des Projektes eher auf die internen Ressourcen (z. B. durch entsprechende Qualifizierung der Mitarbeiter) setzen oder doch eher auf die Unterstützung durch externe Fachkräfte bauen werden.

62 % der befragten Kommunen wollen bei der bevorstehenden Umstellung auf die Doppik eher auf die internen Ressourcen in der Verwaltung zurückgreifen und sich weniger von externen Fachkräften unterstützen lassen.

Nur **11 %** der Kommunen beabsichtigen, den gesamten Umstellungsprozess vorwiegend durch externe Fachkräfte zu bewältigen.

Weitere **27 %** der befragten Kommunen setzten sowohl auf interne Ressourcen als auch auf externe Fachkräfte.

Bei der Konzentration auf interne Ressourcen ist eine umfangreiche Mitarbeiterqualifizierung notwendig.

Da andererseits bei der Konzentration auf externe Fachkräfte mit einem erhöhten finanziellen Aufwand zu rechnen ist, ist diese Option bei den Kommunen eher selten vertreten.

Das immerhin **27 %** in gleicher Intensität sowohl auf interne Ressourcen als auch auf externe Fachkräfte zurückgreifen wollen, zeigt wieder, dass der gesamte Umstellungsprozess noch mit hoher Unsicherheit bei den Kommunen verbunden ist.

Sowohl bereits umgestellte Kommunen in anderen Bundesländern als auch kommunale Spitzenverbände meinen, dass man Kosten, die durch Einbeziehung externer Fachkräfte entstehen, vermeiden kann. Die sächsischen Kommunen sind aufgrund der angebotenen Software selbstständig in der Lage, die Tätigkeiten in der vorgegebenen Zeit zu bewältigen[19].

Diese Meinung war vielen befragten Kommunen natürlich bekannt.

Somit hat diese Meinung erheblichen Einfluss auf die Beantwortung der Frage bei den Kommunen gehabt.

Dennoch kann man zusammenfassen, dass insgesamt **38 %** der befragten Kommunen keinesfalls auf externe Fachkräfte verzichten wollen. Selbst die Kommunen, die auf die Umstellung vorwiegend durch Verwendung interner Ressourcen setzen **(62 %)**, schließen den Einsatz von externen Fachkräften nicht aus. Diese Kommunen werden externe Fachkräfte nur weitaus weniger einsetzen als die anderen Kommunen.

Das Ergebnis dieser Frage zeigt, dass der Umstellungsprozess auf die Doppik durchaus ein hohes Potential zur Akquirierung neuer Aufträge bei sächsischen Kommunen für z. B. Unternehmensberatungsgesellschaften bietet.

---

[19] Vgl. www.doppik-sachsen.de

Frage 5: Die Umstellung auf die Doppik soll laut Beschluss der Innenminsiterkonferenz vom 21. November 2003 bis 2011 abschließend in allen Bundesländern vollzogen sein. Glauben Sie, dass Sie die Umstellung rechtzeitig (bis 2011) realisieren können?

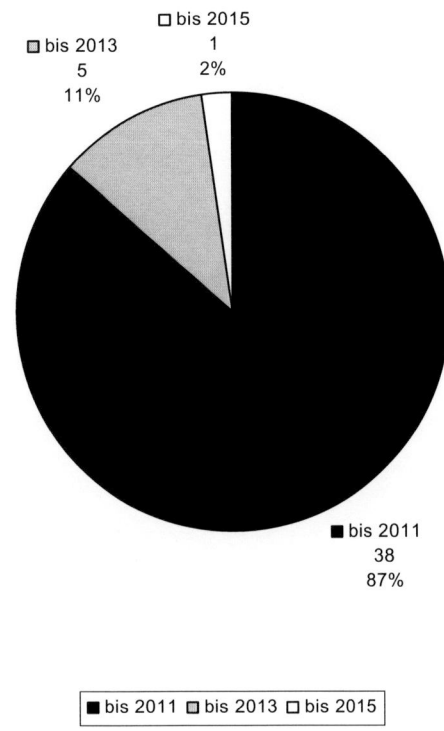

Abbildung 6: Prozentuale Ergebnisse der Frage 5

Die Frage fünf setzt sich kritisch mit dem Zeitplan auseinander. Danach soll die Doppik bis Ende 2011[20] endgültig die Kameralistik in den Kommunen ersetzen. Die Auswertung der Frage gibt darüber Aufschluss, ob sich die Kommunen dazu in der Lage sehen, diesen Zeitplan unter den aktuell gegebenen Umständen auch einzuhalten.

Trotz aller Unsicherheiten in Bezug auf die Doppik ist die eindeutige Mehrheit von **87 %** der Kommunen in Sachsen davon überzeugt, dass der Umstellungsprozess rechtzeitig (bis 2011) abgeschlossen sein wird.

Lediglich **11 %** glauben, dass der Prozess erst Ende 2013 abgeschlossen sein wird.

Weitere **2 %** glauben sogar, dass der Prozess nicht vor 2015 abgeschlossen sein wird.

Das die eindeutige Mehrheit von einer rechtzeitigen Umsetzung bis 2011 überzeugt ist, ist auch durch die aktuelle Entwicklung im Juli 2006 zu erklären.

---

[20] Vgl. Beschluss IMK vom 21.11.2003

Viele Kommunen gaben bei dieser Frage an, dass Sie spätestens im Laufe des Jahres 2007 die gesetzlichen Grundlagen für die Umstellung auf die Doppik in Sachsen erwarten, da nun bereits im Juli 2006 erste Entwürfe durch das SMI veröffentlicht wurden.

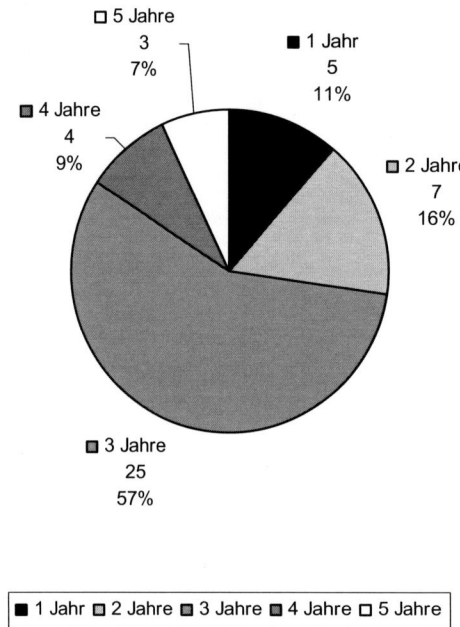

Abbildung 7: Prozentuale Ergebnisse der Frage 6

Da eine konsequente Umstellung auf die Doppik erst nach Vorliegen eindeutiger gesetzlicher Vorschriften erfolgen kann und diese bis heute - wie bereits in den Erläuterungen zur Frage 5 erwähnt - nur in den Entwürfen[21] vorliegen, soll die Frage sechs klären, wie lange die Kämmereien der Kommunen in Sachsen den Zeitaufwand für die Umstellung auf die Doppik - ab Vorliegen der entsprechenden gesetzlichen Grundlagen - einschätzen.

---

[21] Vgl. www.smi.sachsen.de

Die meisten Kommunen **(57 %)** schätzen den Zeitaufwand auf drei Jahre ein.

Weitere **16 %** der Kommunen glauben, dass sie für die Umstellung auf die Doppik nur zwei Jahre benötigen, **11 %** schätzen den Zeitaufwand für die Umstellung sogar auf nur ein Jahr ein.

9 % der befragten Kommunen schätzen den Zeitaufwand immerhin auf vier Jahre ein, weitere **7 %** sogar auf fünf Jahre.

Im Durchschnitt schätzen die sächsischen Kommunen den Zeitaufwand für die Umstellung auf die Doppik mit **2,84 Jahren** ein.

Sollten – wie erwartet – die gesetzlichen Grundlagen für die Umstellung auf die Doppik im Laufe des Jahres 2007 geschaffen werden, so ist nach Einschätzung der sächsischen Kommunen der Übergang zur Doppik bis Ende 2011 komfortabel zu schaffen.

4 Die Doppik

4.1 Grundlagen der Doppik

Maßgebliche Bestandteile des doppischen Haushaltsplans sind der Finanz- und der Ergebnisplan. Der Finanzplan enthält die geplanten Ein- und Auszahlungen, also alle kassenwirksamen Vorgänge. Im Ergebnisplan werden alle Aufwendungen und Erträge – unabhängig davon, ob sie kassenwirksam sind oder nicht – veranschlagt. Entsprechend der neuen Haushaltsgliederung in Produktbereiche sind für den Gesamthaushalt sowie für jeden Produktbereich Finanzpläne sowie Ergebnispläne zu erstellen. Die Konzeption für die Rechnungslegung orientiert sich in Ansatz-, Ausweis- und Bewertungsfragen grundlegend an den Regelungen des Handelsgesetzbuches für Kapitalgesellschaften. Die handelsrechtlichen Bewertungsgrundsätze (§§ 252 ff. HGB) werden weitgehend übernommen. Wahlrechte werden jedoch – auch in Übereinstimmung mit internationalen Rechnungslegungsstandards – teilweise eingeschränkt, um die Objektivität und Vergleichbarkeit der Rechnungen zu verbessern. Der wichtigste Unterschied zum Handelsrecht liegt darin, dass die Kommunen gehalten sind, laufend die Konten dreier Rechenwerke zu bebuchen: der Vermögensrechnung (Bilanz), der Ergebnisrechnung (Gewinn- und Verlustrechnung) und der Finanzrechnung (Kapitalflussrechung/Cashflow-Rechnung). In der kaufmännischen Buchführung hingegen werden die Geschäftsvorfälle nur auf den Konten der Bilanz und der Gewinn- und Verlustrechnung gebucht (den Bestands- und Erfolgskonten). Die Kapitalflussrechnung (das Pendant zur kommunalen Finanzrechnung) wird im Rahmen der Jahresabschlussarbeiten rückwirkend erstellt. Der kaufmännische Buchungsbetrieb basiert also auf einem zweigliedrigen Rechnungssystem (Bilanz und Gewinn- und Verlustrechnung), während die kommunale Doppik – durch die Erweiterung um eine im Rechnungsverbund geführte Finanzrechnung – ein „Drei-Komponenten-System" etabliert.

4.2 Das „Drei-Komponenten-System"

Die Rechnungsstruktur des Doppik-Modells beruht auf einer Drei-Komponenten-Rechnung aus Vermögens-, Ergebnis- und Finanzrechnung. In folgenden Übersichten sind die Beziehungen dieser drei Komponenten untereinander näher dargestellt.

Finanzrechnung
Einzahlungen
./.
Auszahlungen
Finanzmittelsaldo

Bilanz	
Aktiva	Passiva
Vermögen	*EK*
liquide Mittel	*FK*

Ergebnisrechnung
Erträge
./.
Aufwendungen
Ergebnissaldo

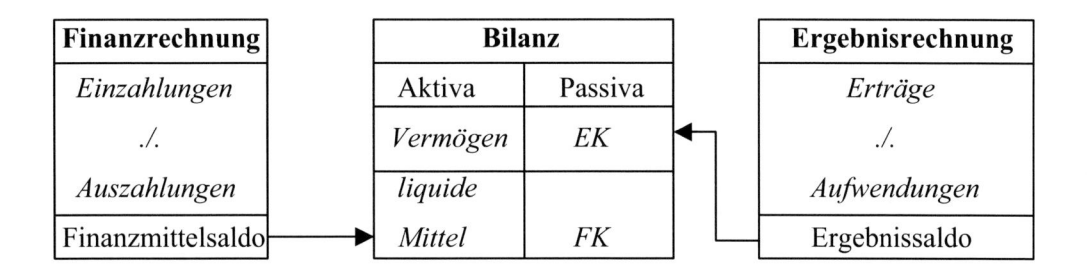

Abbildung 8: Das „Drei-Komponenten-System" des doppischen Rechnungswesens

Die Finanzrechnung enthält die Ein- und Auszahlungen der Rechnungsperiode. Die Differenz aus Ein- und Auszahlungen ist der Finanzmittelsaldo. Daraus resultiert ein Nettozufluss bzw. -abfluss an liquiden Mitteln innerhalb der Rechnungsperiode. Die Summe aus dem Finanzmittelsaldo und dem Anfangsbestand an liquiden Mitteln ergibt den in der Bilanz ausgewiesenen Bestand an liquiden Mitteln. Entsprechend verhält es sich mit dem Ergebnissaldo: Das Jahresergebnis, die Differenz aus Erträgen und Aufwendungen, ergibt addiert zum Wert des Eigenkapitals zu Beginn der Rechnungsperiode das in der Bilanz ausgewiesene Eigenkapital der Gebietskörperschaft.
In den folgenden drei Abbildungen sind die drei Komponenten noch einmal näher erläutert.

Bilanz	
Aktiva	**Passiva**
A – Anlagevermögen - immaterielle Vermögensgegenstände - Sachanlagen - Finanzanlagen **B – Umlaufvermögen** - Vorräte - Forderungen & sonstige Vermögensgegenstände - Wertpapiere des Umlaufvermögens - liquide Mittel (Bank, Kasse) **C – Rechnungsabgrenzungsposten**	**A – Eigenkapital** - allgemeine Rücklage - Sonderrücklage - Ausgleichrücklage - Jahresüberschuss/-fehlbetrag **B – Sonderposten** **C – Rückstellungen** **D – Verbindlichkeiten** **E – Rechnungsabgrenzungsposten**

Abbildung 9: Vermögensrechnung (Bilanz) des doppischen Rechnungswesens[22]

Die Bilanz ist eine Gegenüberstellung der bewerteten Vermögensgegenstände (Anlage- und Umlaufvermögen) und der Schulden (Rückstellungen und Verbindlichkeiten) der Gebietskörperschaft. Ist der Betrag des Vermögens größer als der Betrag der Schulden, so wird auf der Passivseite der Bilanz (rechte Seite) der Saldo aus Vermögen abzüglich Schulden als Eigenkapital ausgewiesen. Übersteigt der Betrag der Schulden den des Vermögens, wird der entsprechende Saldo als „nicht durch Eigenkapital gedeckter Fehlbetrag" auf der Aktivseite (linke Seite) ausgewiesen. Die Vermögensrechnung zeigt somit die Höhe und Zusammensetzung des Vermögens der Gebietskörperschaft und dessen Finanzierungsstruktur. Hieraus lässt sich z. B. unmittelbar der Verschuldungsgrad der Gebietskörperschaft ermitteln. Die kommunale Bilanz stellt gegenüber den bislang geltenden Regelungen der Gemeindehaushaltsverordnungen eine wesentliche Verbesserung der Informationsgrundlage zur Beurteilung der wirtschaftlichen Lage einer Kommune dar. Derzeit sind nur für Forderungen aus Geldanlagen und Darlehen sowie über Beteiligungen und Wertpapiere Nachweise zu führen. Lediglich kostenrechnende Einrichtungen haben über Sachen und grundstücksgleiche Rechte Anlagever-

---

[22] in Anlehnung an das HGB

zeichnisse zu führen und darin die Anschaffungs- oder Herstellungskosten und die Abschreibungen aufzunehmen.

1	+	Einzahlungen aus laufender Verwaltungstätigkeit
2	./.	Auszahlungen aus laufender Verwaltungstätigkeit
3	=	**Cashflow aus laufender Verwaltungstätigkeit (1 + 2)**
4	+	Einzahlungen im Zusammenhang mit Investitionen
5	./.	Investitionsauszahlungen
6	=	**Cashflow aus Investitionstätigkeit (4 + 5)**
7	=	**Finanzmittelüberschuss/-fehlbetrag (3 + 6)**
8	+	Aufnahme von Krediten
9	./.	Tilgung von Krediten
10	=	**Cashflow aus Finanzierungstätigkeit (8 + 9)**
11	=	**Änderung des Bestandes an Finanzmitteln (7 + 10)**
12	+	Anfangsbestand an Finanzmitteln
13	+ / ./.	Saldo der durchlaufenden Posten
14	=	**liquide Mittel (11 + 12 + 13)**

Abbildung 10: Finanzrechnung (Kapitalflussrechnung) des doppischen Rechnungswesens

Die Finanzrechnung dient der Dokumentation, Überwachung und Steuerung der Zahlungsströme. In der Finanzrechnung werden die Einzahlungen strukturiert nach der Mittelherkunft und die Auszahlungen geordnet nach der Mittelverwendung aufgezeichnet. Die wichtigste Funktion des Finanzplans besteht darin, die Ein- und Auszahlungen in den Bereichen der Investitions- und Finanzierungstätigkeit zu ermächtigen. Der Finanzplan übernimmt damit wesentliche Aspekte des bisherigen Vermögenshaushalts.

	+	Steuern und ähnliche Abgaben
	+	Zuwendungen und allgemeine Umlagen
	+	…
1	=	**ordentliche Erträge**
	./.	Personalaufwand
	./.	Sachaufwand
	./.	Abschreibungen
	./.	…
2	=	**ordentliche Aufwendungen**
3	=	**Ergebnis der laufenden Verwaltungstätigkeit (1 + 2)**
4	+	Finanzerträge
5	./.	Zinsen und ähnliche Aufwendungen
6	=	**Finanzergebnis (4 + 5)**
7	=	**Ordentliches Ergebnis (3 + 6)**
8	+	außerordentliche Erträge
9	./.	außerordentliche Aufwendungen
10	=	**Außerordentliches Ergebnis (8 + 9)**
11	=	**Jahresergebnis (7 + 10)**

Abbildung 11: Ergebnisrechnung (Gewinn- und Verlustrechnung) des doppischen Rechnungswesens

Die Ergebnisrechnung – als das Ebenbild der handelsrechtlichen Gewinn- und Verlustrechnung (GuV) – zeichnet die erfolgswirksamen Veränderungen des Eigenkapitals im abgelaufenen Rechnungsjahr auf. Bilanzierungstechnisch ist sie als ein Unterkonto des Bilanzpostens Eigenkapital anzusehen. In der Ergebnisrechnung werden die Aufwendungen und Erträge einer Rechnungsperiode unsaldiert gegenübergestellt. Aufwendungen sind Netto-Ressourcenverbräuche. Sie mindern das kommunale Eigenkapital (Reinvermögen). Dabei ist es gleichgültig, ob sich der Zahlungsmittelbestand (kassenwirksame Aufwendungen) vermindert. Auch nicht kassenwirksame Vorgänge können Aufwendungen darstellen (z. B. Abschreibungen oder Zuführungen zu Rückstellungen). Erträge erhöhen das kommunale Eigenkapital. Auch hier gilt: Ein Ertrag ist nicht notwendigerweise mit einem Geldzufluss verbunden (z. B. Auflösung einer Rückstellung). Gleichzeitig ist nicht jeder Geldzufluss ist mit einem Ertrag gleichzusetzen (z. B. Darlehensaufnahme). Die Differenz aus Erträgen und Aufwendungen eines Haushaltsjahres ist das Jahresergebnis (Gewinn oder Verlust). Die Regelungen zum doppischen Haushaltsausgleich sehen grundsätzlich vor, dass Kommunen keine negativen Jahresergebnisse planen und realisieren sollten.

4.3 Vorteile der Doppik im Vergleich zur Kameralistik

Die Kameralistik orientiert sich am Geldverbrauch und erfasst somit nur Einnahmen und Ausgaben, ohne Berücksichtigung ihrer Verursachung und Zuordnung unter periodengerechten Aspekten. Sie liefert keine Informationen über die Vermögenssituation der Kommune und somit auch keine Hinweise über den Vermögensverzehr. Die Systematisierung des Buchungsstoffes in Form der Haushaltsgliederung liefert weder Informationen über den organisatorischen Aufbau der Kommune und damit über Verantwortlichkeiten noch über das Leistungsprogramm und die ihm zugrunde liegenden Zielsetzungen. Außerdem wird das umfangreiche Leistungsgeflecht innerhalb der Kommune nicht transparent, was eine verursachungsgerechte Zuordnung der Ressourcen erschwert. Diese Schwächen können weitestgehend auch durch Nebenrechnungen ausgeglichen werden, wie es zum Beispiel bei der **erweiterten Kameralistik** erforderlich ist. Die Doppik sichert dagegen zudem den rechnerischen Verbund und ermöglicht damit die Aufbereitung aller Wertgrößen, die für betriebswirtschaftliche Fragestellungen erforderlich sind.

5 Leitfaden zur Umstellung des Rechnungswesens einer sächsischen Kommune von der Kameralistik auf die Doppik

5.1 Projektmanagement als Organisationsform für den Umstellungsprozess

Die Durchführung routinemäßiger Daueraufgaben sind eher durch die traditionellen Strukturen in Verwaltungen zu bewältigen, als die Vorbereitung und Umsetzung weit reichender Veränderungen mit verwaltungsweiter Auswirkung. Die Einführung des neuen Haushalts- und Rechnungswesens stellt für die Kommunen einen erheblichen und tief greifenden Wandel dar. Das **Projektmanagement** bietet sich dabei als ideale Organisationsform an, da es besonders geeignet ist, Veränderungsprozesse zu steuern, Neuerungen zu implementieren und interdisziplinäres Arbeiten zu unterstützen. Es geht dabei weniger um fachliche Aspekte, sondern um die Abgrenzung und Strukturierung der Aufgabenstellung, die Zieldefinition und Vorgehensweise, den Einsatz der personellen, finanziellen und technischen Ressourcen und die Führung des Projektes nach innen und die Verzahnung der Projektaktivitäten mit der laufenden Verwaltung. Das **Projektmanagement** berücksichtigt insofern vor allem methodische und instrumentelle Aspekte zur professionellen fachlichen Umsetzung. Unberücksichtigt bleiben leider häufig organisationspsychologische und gruppendynamische Aspekte, die schon dazu geführt haben, dass erfolgreich gestartete Projekte liegen geblieben oder im Sande verlaufen sind.

Die kommunale Finanzwirtschaft wird sich noch in diesem Jahrzehnt mit dem Umstellungsprozess intensiv auseinander setzen. Vor dem Hintergrund, dass alle Kommunen fast gleichzeitig von den geplanten Veränderungen betroffen sind, verbunden mit hohem konzeptionellen Aufwand, großer Arbeitsbelastung des Projektteams, der Unterstützung durch externes Know-how, der Rekrutierung von betriebswirtschaftlich ausgebildetem Personal, Schulungsaufwand für das eigene Personal, der Auswahl geeigneter Softwareunterstützung usw., wird deutlich, dass auch ohne vorliegende gesetzliche Regelungen die Dringlichkeit zur Vorbereitung gegeben ist.

Projekte, wie auch die geplante Umsetzung des neuen Haushalts- und Rechnungswesens, lassen sich allgemein durch folgende Merkmale beschreiben[23]:

---

[23] Vgl. KGSt 2/2004, S. 18

- **innovativ** und **ergebnisorientiert**, d. h. das Ziel oder eine Leistung ist vorgegeben. Bei diesem Projekt geht es um einen Entwicklungs- bzw. Veränderungsprozess, dessen Ergebnisse klar gesetzlich definiert sein sollen
- **zeitlich befristet**, d. h. es handelt sich nicht um eine dauerhafte Aufgabe, sondern es gibt einen Anfangs- und einen Endzeitpunkt. Diese werden letztlich durch die Übergangsfristen von den Gesetzgebern vorgegeben
- **einmalig** und **komplex**. Es handelt sich nicht um eine Routineaufgabe oder eine Wiederholung früherer Tätigkeiten, sondern um eine einzigartige bzw. neuartige Aufgabe
- **ressourcenaufwändig**. Bei begrenzten Mitteln steht das Projekt in einer Konkurrenzsituation zu anderen Projekten und zu den laufenden Aufgaben im Hinblick auf die personelle und finanzielle Ausstattung
- **systemverändernd**, da die Einführung eines neuen Haushalts- und Rechnungswesens auch verbunden ist mit einem Übergang von alten zu neuen Denk- und Organisationsstrukturen
- **fachübergreifend**, d. h. an ihrer Durchführung sind mehrere Stellen innerhalb der Verwaltung aber auch ggf. externe Dritte außerhalb beteiligt. Aus diesem Grund und auch wegen der schon erwähnten Komplexität leitet sich i. d. R. der Anspruch an eine temporäre Organisation, die **Projektorganisation**, ab, in deren Rahmen die **Projektdurchführung** stattfindet.

Zusammenfassend ist unter dem Begriff des **Projektmanagements** ein systematischer Prozess zur Führung komplexer Vorhaben zu verstehen. Es umfasst die Organisation, Planung, Steuerung und Überwachung aller Aufgaben und Ressourcen, die notwendig sind, um die Projektziele zu erreichen.

Im Rahmen der **Projektrealisierung** übernimmt das **Projektmanagement** die Aufgabe, die verschiedenen Abschnitte des Projektes (Teilprojekte und Phasen) inhaltlich zu planen, zu steuern und die Neuerungen über ein integriertes Qualitätsmanagement abzusichern sowie in der Gesamtverwaltung zu kommunizieren.

5.2 Projektvorbereitung

5.2.1 Projektantrag und –auftrag

Erste Vorüberlegungen zur Einführung des „Neuen Haushalts- und Rechnungswesens" sollten Inhalt eines Projektantrages in Form einer Beschlussvorlage an die Verwaltungsführung und zumindest einer Mitteilungsvorlage an den Gemeinderat bzw. Kreistag sein, der den politischen Entscheidungsträgern das Vorhaben und seinen Umfang verdeutlicht. Dabei sind neben der Darstellung der zu erwartenden rechtlichen Vorgaben folgende Fragen zu beantworten[24]:

- Welchen Nutzen bringen die vorbereitenden Arbeiten und das neue System?
- Warum sollte das „Neue Haushalts- und Rechnungswesen" nicht nur gesetzlich vorgeschrieben, sondern auch gewollt und unterstützt werden?
- Wie ist der personelle und finanzielle Aufwand in den nächsten Jahren realistisch einzuschätzen?

Es ist außerdem darauf hinzuweisen, dass der Erfolg der Umsetzung davon abhängt, inwieweit man der Umsetzung Priorität einräumt.

Ziel des Projektantrags ist der Auftrag an die Verwaltung, die notwendigen Vorbereitungen für die Umstellung auf das Neue Haushalts- und Rechnungswesen einzuleiten und dazu ein Konzept zu erstellen. Die Einbeziehung der politischen Gremien kann dabei unterschiedlich gehandhabt werden. Aufgrund der Bedeutung des Projektes sollten die politischen Gremien zumindest über den Grundsatzbeschluss der Verwaltungsführung und über den weiteren Fortgang des Projektes informiert werden.

In Bezug auf die finanzielle Ausstattung bzw. besonders finanzwirksame Vorhaben, wie z. B. die Beschaffung einer Finanzsoftware, ist ein Gemeinderats- bzw. Kreistagsbeschluss erforderlich. Inwieweit Vertreter der politischen Gremien in inhaltliche Aufgabenstellungen einbezogen werden sollen, ist im Einzelfall zu entscheiden.

Die festgelegten Vorüberlegungen des Projektantrages bilden für die folgenden Festlegungen zur Projektorganisation und zur finanziellen Ausstattung des Projektes innerhalb der Verwaltung den Orientierungsrahmen, der in Form einer Projektverfügung konkretisiert werden kann. Die Projektverfügung ist eine Organisationsverfügung des Hauptverwaltungsbeamten und damit eine interne Anweisung mit verbindlichem Charakter.

---

[24] Vgl. KGSt 2/2004, S. 22

5.2.2 Projektorganisation

Die Projektorganisation ist von unterschiedlichen Kriterien abhängig[25]:

- Größe der Kommune und der Personalausstattung,
- Qualifikation und Motivation des vorhandenen Personals,
- ständige Organisationsstruktur,
- Bedeutung und Dauer des Projektes,
- Eindeutigkeit der Aufgabenzerlegung,
- Notwendigkeit interdisziplinärer Zusammenarbeit,
- Ressourcenverfügbarkeit,
- Zeit- bzw. Handlungsdruck.

Die Projektorganisation ist im Unterschied zur Organisation der Verwaltung von Beginn an von begrenzter Dauer. Mit Beendigung des Projektes ist ihre Aufgabe erfüllt und sie wird aufgelöst bzw. geht in der bestehenden oder veränderten Organisation auf. Dennoch ist zu beachten, dass die einmal gewählte Projektorganisation während des Projektverlaufs nur schwer zu ändern und eine Änderung auch zu vermeiden ist, um nicht Instabilitäten im Projekt zu verursachen. Es kommt darauf an, bereits zu Beginn folgende Aspekte zu beachten[26]:

1. Vorrangig muss die Projektorganisation den funktionalen Projekterfordernissen Rechnung tragen, damit die Organisation dem Projekt dient und nicht umgekehrt. Dazu gehört, dass nur klar umrissene Aufgaben die Teilnahme von bestimmten Beschäftigten am Projekt begründen und Verantwortlichkeiten eindeutig definiert werden.
2. Interessengeleitete Machtverhältnisse können selten ignoriert werden. Unqualifizierte Besetzungen und Überbesetzung der Projektorganisation sind häufig die Folge. Diese Widrigkeiten sind, da sie nicht vermeidbar sind, zu beachten, um den Projektverlauf nicht zu behindern. Nur wer sich mit diesen Machtverhältnissen auseinander setzt und Hintergrundverflechtungen berücksichtigt, kann eine Projektorganisation gestalten, die Schattenorganisationen vermeidet oder sinnvoll einbindet.

---

[25] Vgl. KGSt 2/2004, S. 25
[26] Vgl. Bienheim, W.-R. (1989), S. 67 ff. i. V. m. KGSt 2/2004, S. 26

3. Häufig wird das Projektgeschehen geprägt durch so genannte Schlüsselpersonen. Den individuellen Eigenschaften dieser Personen ist Rechnung zu tragen. Die Projektorganisation sollte so ausgerichtet sein, dass Faktoren wie Urlaub und Krankheit der Schlüsselpersonen möglichst ohne Störungen verkraftet werden können.

4. Selten ist vor oder zu Beginn eines Projektes Zeit und Raum für das Entstehen eines organischen Sozialgefüges. Nun ist aber ein Projektteam nicht eine technische Einheit, die auf Befehl funktioniert. Die Entwicklung einer Gruppe von Beschäftigten zum Team vollzieht sich zum einen im Rahmen der sachlichen Bewältigung der Aufgaben und zum anderen im menschlichen Miteinander.

Zusammenfassend sind folgende wesentliche Elemente im Rahmen der Projektorganisation zu berücksichtigen[27]:

- klare Aufgabenzuweisungen
- die Einbindung des Projektes in die Gesamtverwaltung
- ein Projektgremium, das Schlüsselpersonen berücksichtigt

5.2.3 Finanzieller Aspekt des Projektes

Mit dem Projekt ist auch die Bereitstellung eines bestimmten Projektbudgets verbunden. Dieses besteht aus einem

- Personalbudget (für die intern geplanten Personalressourcen bzw. für neu einzurichtende Stellen),
- Sachmittelbudget (für Arbeitsmittel, externe Beratungsleistungen, Reisekosten, Raummieten usw.) und
- Investitionsbudget (für Finanzsoftware und sonstige Investitionen).

Da von einem mehrjährigen Projekt auszugehen ist, erfolgt die Aufnahme in die mittelfristige Finanzplanung. Grundlage für den Mittelbedarf ist die inhaltliche und zeitliche Grobplanung des Projektes. In diesem Zusammenhang ist auch festzulegen, welche Mittel aus dem Gesamthaushalt bereitzustellen sind und welche die einzelnen Organi-

---

[27] KGSt 2/2004, S. 26

sationseinheiten aus ihrem Budget aufbringen müssen. Neben eigenen Berechnungen kann möglicherweise auf Referenzwerte aus Projekten der Pilotkommunen - z. B. in Nordrhein-Westfalen - zurückgegriffen werden, soweit diese annähernd vergleichbar sind. Dies kann insbesondere auf die erforderlichen Investitionen in die Finanzsoftware zutreffen, da hier die ausgabenwirksamen Parameter in Vertragsform vorliegen. Um die Höhe des jährlich erforderlichen Projektbudgets zu veranschlagen ist eine Kostenplanung erforderlich, die erst im Rahmen der detaillierten Projektplanung konkreter erfolgen kann. Das Gesamtbudget muss in Teilbudgets strukturiert werden. Neben den Kosten für die Finanzsoftware, soweit deren Beschaffung erforderlich ist, stellen die Personalkosten den bedeutendsten Kostenfaktor dar. Wird kein neues Personal eingestellt, könnte der Standpunkt vertreten werden, dass vorhandenes Personal bereits in den Budgets der laufenden Verwaltung veranschlagt ist und somit ein gesondertes Budget nicht berücksichtigt werden muss. In diesem Fall wäre die Budgetermittlung nur auf projektspezifische Mehrausgaben zu beziehen. Um dem Projekt allerdings eine angemessene Aufmerksamkeit zu sichern und den Gesamtaufwand realistisch abzubilden, sollte auf diese Vorgehensweise verzichtet werden. Vielmehr wird die Aufnahme eines Unterabschnittes für das Projekt im Haushaltsplan empfohlen[28].

5.2.4 Projektmarketing

Eine Vielzahl von Personen - ob Politiker, Kämmerer oder deren Mitarbeiter – sind von den Veränderungen im Haushalts- und Rechnungswesen betroffen. Alle haben neben unterschiedlichen Erwartungen und Hoffnungen („Was wird es bringen?") auch Befürchtungen („Was geht verloren?", „Was muss neu erlernt werden?").
Veränderungen können verunsichern. Deshalb ist es wichtig, alle Mitarbeiterinnen und Mitarbeiter über Ziele und Inhalt des Neuen Haushalts- und Rechnungswesens und über den jeweiligen Projektstand zu informieren.
Auch nicht am Projekt Beteiligte sind letztlich davon betroffen. Sie übernehmen Arbeiten im eigenen Bereich zusätzlich für die vollständig oder teilweise freigestellten Projektkollegen. Die Akzeptanz des Projektes durch die nicht am Projekt beteiligten Mitarbeiter trägt wesentlich zu einer guten Arbeitsatmosphäre bei.
Dabei schafft aktive Kommunikation und Information Vertrauen und hilft, Missverständnisse zu verhindern und Ungewissheiten abzubauen. Eine verständliche und motivierende Kommunikations- und Informationspraxis ist dabei zu pflegen. Dies fördert die Bereitschaft für Veränderungen und kann Lernprozesse erzeugen bzw. verstärken. Dazu

---
[28] Vgl. KGSt 2/2004, S. 39

müssen die Informationen einfach, eindeutig und systematisch erfolgen. Eine der wichtigsten Voraussetzungen für den verwaltungsweiten Erfolg der Umsetzung liegt in der transparenten Gestaltung der Projektarbeit und ihrer Ergebnisse. Dies ist in erster Linie eine „Bringschuld" des Projektes, kann aber auch durch die Bereitstellung eines Informationsangebotes als „Holschuld" der nicht am Projekt direkt Beteiligten definiert werden[29].

Verantwortlich für ein Informationsangebot im Sinne eines „Projektmarketing" ist die Projektleitung.

Geeignete Maßnahmen sind z. B. [30]

- regelmäßige Berichte in der stadtinternen Mitarbeiterzeitung,
- Darstellung des Projektes und seiner Inhalte im Intranet,
- Informationsveranstaltungen für unterschiedliche Zielgruppen,
- Info-Flyer und/oder Veröffentlichungen am „Schwarzen Brett",
- Projektbericht in der/den Personalversammlung(en),
- Sprechstunden.

Eine ergänzende Möglichkeit, das Lernen über die Projektgrenzen hinaus zu fördern, besteht darin, in den Abschlussphasen der Teilprojekte im Rahmen einer Abschlusspräsentation die inhaltlichen Ergebnisse des jeweiligen Teilprojekts

- aufzuarbeiten (und zu feiern),
- eine Bilanz zu ziehen,
- die Projektarbeit zu reflektieren und somit
- den Know-how-Transfer in die Gesamtverwaltung einzuleiten.

Ein wichtiger Motivationsfaktor für die Mitarbeiter ist hier neben der Aufarbeitung des abgeschlossenen Teilprojektes gerade auch die Würdigung dieser Leistung, z. B. durch eine Feier anlässlich des erfolgreichen Abschlusses des Teilprojektes.

---

[29] Vgl. KGSt-Handbuch Organisationsmanagement (1999), Kap. 3, Gestaltung von Veränderungsprozessen, S. 3 – 44 i. V. m. KGSt 2/2004, S. 41
[30] Vgl. KGSt 2/2004, S. 41

5.3 Projektplanung

5.3.1 Zielsetzung

Die eigentliche, detaillierte Projektplanung beginnt mit dem Abschluss der Projektvorbereitungen. Damit verbunden ist auch die Konkretisierung der Ziele zum Inhalt, zum Zeitablauf und zu den Kosten des Projektes[31].

Die Projektplanung nimmt eine besondere Stellung im gesamten Prozess ein. Die inhaltliche Qualität, aber auch das Kostenvolumen werden maßgeblich in dieser frühen Phase bestimmt. Im Rahmen der Planung werden die strukturellen Grundlagen für die Projektarbeit geschaffen. Die Zielplanung bildet dabei Fundament, Maßstab und Wegweiser für das Projekt und alle erforderlichen Aktivitäten[32].

Obwohl generell empfohlen wird, die Ziele eines Projektes möglichst fest umrissen und verbindlich zu erarbeiten, darf dies nicht zu einer Starrheit führen. Da die Einführung des Neuen Haushalts- und Rechnungswesens in hohem Maße von Lernprozessen beeinflusst ist, wird empfohlen, die Zielsetzungen in Form von Rahmenbedingungen zu formulieren, die Orientierung geben für die weitere Umsetzung.

Mit fortschreitendem Projektverlauf können anfangs für wichtig erachtete Fragen und Probleme an Relevanz verlieren, während neue Sichtweisen und Zielvorstellungen an Einfluss gewinnen[33].

Die Zielsetzungen werden i. d. R. also im Rahmen der Umsetzung zu präzisieren sein, wobei jederzeit die Möglichkeit bestehen sollte, neue Erkenntnisse oder Entwicklungen in den Projektverlauf einzubeziehen[34].

5.3.2 Projektstrukturplan

Sowohl die Projektziele als auch die Projektplanung entwickeln sich über die Dauer des Projektes kontinuierlich fort. Zielformulierungen und der Projektplan sind entsprechend fortzuschreiben und der Entwicklungsprozess ist zu dokumentieren[35].

Mit Hilfe des Projektstrukturplans wird eine Übersicht über alle zur Umsetzung des „Neuen Haushalts- und Rechnungswesens" erforderlichen Aufgaben erarbeitet. Die Strukturierung des Gesamtprojektes orientiert sich an thematisch-fachlich voneinander

---

[31] Vgl. KGSt 2/2004, S. 43
[32] Vgl. Scherpner, C.; Form, S. (2003), S. 544.
[33] Vgl. Fehlau, E. (1997), S. 77.
[34] Vgl. Witschi, U.; Schlager, G.; Scheutz, U. (1998), S. 82.
[35] Vgl. KGSt 2/2004, S. 43

abgrenzbaren Teilbereichen, so genannten Teilprojekten. Die Inhalte der Teilprojekte sind weitestgehend abhängig von[36]

- den gesetzlichen Vorgaben inhaltlicher und zeitlicher Art,
- der grundsätzlichen Reformorientierung der Politik und Verwaltungsführung und bisherigen Reformerfahrungen,
- personellen und finanziellen Rahmenbedingungen der jeweiligen Kommune und
- den Schnittstellen zu bereits begonnenen oder umgesetzten Reformaktivitäten (Produkthaushalt, Budgetierung, Kosten- und Leistungsrechnung, Finanzsoftware usw.).

Für die Teilprojekte ist zu klären, worum es jeweils fachlich und inhaltlich geht, welche Konzepte und Verfahren bisher vorliegen und was in Zukunft nachprüfbar erreicht werden soll (inhaltliche Ziele der Projektarbeit).

Diese Arbeit berücksichtigt beispielhaft folgende Teilprojekte:

- Teilprojekt: Aufstellung des Haushaltsplans auf doppischer Basis (Punkt 5.4.1)
- Teilprojekt: Produkte, Budgetierung, KLR (Punkt 5.4.2)
- Teilprojekt: Eröffnungsbilanz (Punkt 5.4.3)
- Teilprojekt: Organisation des Rechnungswesens (Punkt 5.4.4)
- Teilprojekt: Finanzsoftware (Punkt 5.4.5)
- Teilprojekt: Mitarbeiterqualifizierung (Punkt 5.4.6)

In kleineren Kommunen kann durchaus eine sinnvolle Zusammenlegung der Teilprojekte erfolgen, da hier eine weniger detaillierte Arbeitsteilung möglich bzw. nötig ist.
In sehr großen Kommunen kann aber schon aufgrund des Projektumfangs eine weitere Differenzierung der Teilprojekte erforderlich sein.

---

[36] Vgl. KGSt 2/2004, S. 44

5.3.3 Projektphasen

Die Durchführung von Projektvorhaben vollzieht sich in mehreren inhaltlich abgrenzbaren, aufeinander folgenden Schritten (Phasen). Für die Teilprojekte sind die wesentlichen Phasen der Projektarbeit zu definieren (zeitliche Ziele der Projektarbeit). Mit Hilfe von Phasenmodellen lässt sich der Entwicklungsfortschritt des Gesamtprojektes und der Teilprojekte abbilden. Auch hier gehen die weiteren Ausführungen von einem als Beispiel zu verstehenden Modell aus, das folgende Phasen berücksichtigt[37]:

- Situationsanalyse,
- Konzeptphase,
- Umsetzungsphase,
- Abschlussphase.

Im Rahmen der **Situationsanalyse** erfolgt die systematische Durchleuchtung der bereits vorliegenden Konzepte oder Sachverhalte im Hinblick auf ihre weitere Nutzung oder Anpassung im Projekt. Das können z. B. schon existierende Produkthaushalte sein, Konzepte zur Kosten- und Leistungsrechnung oder bereits angeschaffte Finanzsoftware. Die sorgfältige Aufnahme der Ist-Situation verdeutlicht als Ausgangspunkt für die dann folgende Konzeptphase noch einmal allen Beteiligten, was bisher erreicht wurde und was noch zu bewältigen ist. Der Aufwand für die Situationsanalyse ist erforderlich, da sich je nach Ergebnis der Analyse der Aufwand für die Umsetzung des Projektes reduzieren lässt.

In der **Konzeptphase** werden die wesentlichen Grundlagen für die Umsetzungsphase des Projektes, aber auch für die verwaltungsweite Einführung erarbeitet. Unter Berücksichtigung der Ergebnisse der Situationsanalyse werden hier Lösungsvarianten für bestimmte inhaltliche Fragestellungen in den Teilprojekten herausgearbeitet und bewertet. Bei der Beurteilung des geeigneten Konzepts sollte nicht das „Erstbeste" oder der „kleinste gemeinsame Nenner" bevorzugt werden. Entscheidend sind vor allem die langfristige Tragfähigkeit, die verwaltungsweite Anwendbarkeit bzw. Übertragbarkeit und das Innovationspotenzial des Konzeptes.

---

[37] Vgl. KGSt 2/2004, S. 45

Als Innovationspotenzial ist hier z. B. zu verstehen, inwieweit das Konzept über die Erfüllung der Projektzielsetzung hinaus zukünftig die Informationsbasis auch anderer Bereiche verbessern kann.

Auch Machbarkeitsstudien sind der Konzeptphase zuzurechnen.

Die **Umsetzungsphase** beinhaltet die Einführung und praktische Erprobung der Konzepte. In dieser Phase ist die Auswertung der ersten praktischen Erfahrungen und der Vergleich mit den Konzepten wichtig, da der Vergleich möglicherweise eine Konzeptanpassung erforderlich macht. Häufig wird erst während der eigentlichen Projektarbeit deutlich, dass Konzepte nicht die in sie gesetzten Erwartungen erfüllen bzw. weder in der gewünschten Zeit noch im angestrebten Umfang zu realisieren sind. Diese Auswertungsprozesse sollten auf jeden Fall eingeplant und zur Qualitätssicherung genutzt werden.

Ansonsten besteht die Gefahr, dass Änderungs- oder Ergänzungserfordernisse nicht mehr wahrgenommen und somit auch nicht umgesetzt werden.

In der **Abschlussphase**[38] geht es um

- die Analyse der Projektarbeit und Gestaltungsalternativen für den Dauerbetrieb,
- die Archivierung der Projektunterlagen
    - Entfernung unvollständiger oder veralteter Unterlagen,
    - Einordnung in die Projektdokumentation,
    - Sicherung auf Datenträger,
    - die Abschlusspräsentation in einer Informationsveranstaltung für die Gesamtverwaltung im Rahmen des Projektmarketing,
- die Ressourcenfreigabe
    - Übertragung noch vorhandener Finanzmittel,
    - Auflösung der Projektgremien und
    - weiterer Einsatz der Projektmitarbeiter in neuen Strukturen,
    - Freisetzung von Räumlichkeiten, PCs und anderen Arbeitsmitteln.

Auch diese Arbeiten erfordern Zeit, Personal und Kosten und sind in der Projektplanung zu berücksichtigen, vor allem dann, wenn die Teilprojekte zu unterschiedlichen Zeiten

---

[38] Vgl. KGSt 2/2004, S. 46

in die Abschlussphase eintreten und am Ende noch der Gesamtabschluss erstellt werden muss.

Als kleinste Planungseinheit werden die **Arbeitspakete** als konkrete Aufgaben innerhalb der Teilprojekte in den einzelnen Phasen definiert und um Aussagen zu den erforderlichen Personalressourcen, zu Terminen und zu Kosten ergänzt.

Weder der Projektstrukturplan noch das Phasenmodell zeigen die sachlogische Ausführungsreihenfolge der zu erledigenden einzelnen Arbeiten. Die Ausführungsreihenfolge entsteht durch die Ableitung der Arbeitspakete aus dem Projektstrukturplan und dem Phasenmodell. Dabei werden auch parallel ablaufende Arbeitspakete, Überschneidungen und Freiräume inhaltlicher und zeitlicher Art deutlich.

Mit Hilfe der geschätzten Dauer jedes Arbeitspaketes werden zum einen die Start- und Endtermine der Arbeitspakete definiert und zum anderen eine konkrete Ressourcenplanung möglich.

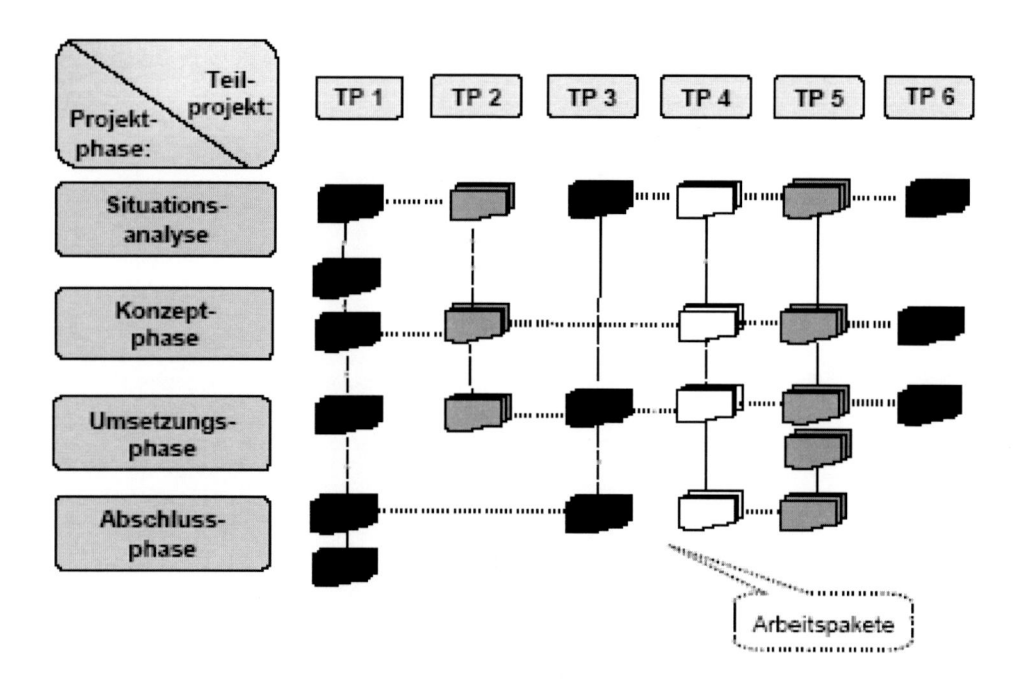

Abbildung 12: Schematische Darstellung der Zusammenhänge zwischen den Planungsebenen und den Planungselementen[39]

---
[39] Vgl. KGSt 2/2004, S. 47

5.3.4 Ressourcenplanung

Die Ressourcenplanung setzt sich zusammen aus der **Personaleinsatzplanung**, der **Termin- und Zeitplanung**, der **Finanz-** sowie der **Kostenplanung**[40].

Bei der **Personaleinsatzplanung** geht es um die qualifikationsgerechte und zeitgerechte Zuordnung der Projektmitarbeiter auf das Projekt, die Teilprojekte bis hin zu den Arbeitspaketen. Auf diese Weise lässt sich gleichzeitig der personelle Ressourcenbedarf insgesamt pro betrachteter Projekteinheit feststellen.

Die **Termin- und Zeitplanung** erfasst die zeitliche Abfolge der Phasen und ihrer Arbeitspakete. Inhaltliche Abhängigkeiten können gekennzeichnet werden.
Die Zeitplanung muss berücksichtigen, dass bestimmte Arbeitsschritte auch einen bestimmten Zeitbedarf haben, der sich weder durch erhöhten Personalbedarf verkürzen, noch ohne Folgen beliebig verlängern lässt, wenn z. B. Personal abgezogen wird. Verkürzungs- oder Streckungsmöglichkeiten haben ihre Grenzen.

Die **Finanzplanung** unterliegt zeitlichen Einflüssen, die sich durch die haus-haltsrechtlichen Rahmenbedingungen ergeben. Für zusätzliche Ausgaben (z. B. für Qualifizierungsmaßnahmen) sind Ansätze für das jeweilige Planjahr zu bilden. Bei rechtlichen Bindungen für die Folgejahre sind Verpflichtungsermächtigungen zu veranschlagen. Die Termin- und Zeitplanung kann zur Verteilung der insgesamt erforderlichen Finanzmittel auf die Haushaltsjahre herangezogen werden.

Die **Kostenplanung** berücksichtigt neben den extra für das Projekt veranschlagten Mitteln auch die intern dem Projekt zur Verfügung gestellten Ressourcen. In den meisten Projekten entfällt der größte Anteil der internen Ressourcen auf die Personalkosten.

Personalkosten können folgendermaßen ermittelt werden:

Geplanter Stundenaufwand pro Mitarbeiter x Stundensatz
oder
Geplanter Tagesaufwand pro Mitarbeiter x Tagessatz

---

[40] Vgl. KGSt 2/2004, S. 48

Sachkosten des Projektes sind z. B. Kosten für Projekt-, Sitzungs- und Schulungsräume, EDV-Ausstattung, Telefon- und Kopierkosten und weitere Arbeitsmaterialien.

Auch die Kosten für die externe Unterstützung fallen unter die Sachkosten. Soweit eine Kostenrechnung vorhanden ist, wird eine direkte Zuordnung der Kosten zu dem Projekt möglich sein. Ersetzt man zur Personaleinsatzplanung die Mitarbeitertage durch kalkulierte Tagessätze, können die Personal- bzw. Arbeitsplatzkosten pro Teilprojekt ermittelt werden. Während des Projektfortganges kommt die Projektarbeit immer wieder an Punkte, an denen Arbeitsergebnisse vorliegen, Berichtspflichten vereinbart wurden bzw. für den weiteren Projektverlauf Entscheidungen zu treffen sind. Diese Punkte werden als „Meilensteine" definiert und markieren zumeist den Übergang von einer in die nächste Projektphase. Werden diese Meilensteine zu Meilensteinplänen zusammengefasst, ergibt sich ein Überblick über die wesentlichen Eckpunkte des Gesamtprojektes.

Die Ergebnisse der **Projektplanung** stellen für alle am Projekt Beteiligten verbindliche Vorgaben für die **Projektrealisierung** dar und sind Grundlage für die Projektsteuerung durch das **Projektcontrolling**.

5.4 Projektrealisierung

5.4.1 Aufstellung des Haushaltsplanes auf doppischer Basis[41]

Dieses Teilprojekt hat die erstmalige Aufstellung des Haushaltsplanes auf doppischer Basis zur Aufgabe. Im Rahmen der **Situationsanalyse** erfolgt die Untersuchung, welche Unterabschnitte, Haushaltsstellen und ggf. Buchungsvorfälle bereits vorliegen. Dabei sind Möglichkeiten der Zusammenfassung und der Streichung von Haushaltsstellen zu prüfen, um bisherige eventuelle Aufblähungen nicht fortzuführen.

Im Rahmen der **Konzeptphase** erfolgt die Entwicklung eines örtlichen und damit individuellen Kontenplans. Die Entwicklung erfolgt in Abhängigkeit des vom Freistaat Sachsen vorgegebenen Kontenrahmens. Die Sachkonten lösen die bisherige Gruppierung ab. Für die Überleitung sind die Aufwands- und Ertragskonten erforderlich und je nach Ausgestaltung der Finanzrechnung auch die Einzahlungs- und Auszahlungskonten. Der Finanzplan ist eine Übersicht über die geplanten Ein- und Auszahlungen für die laufende Verwaltungs-, für die Finanzierungs- und die Investitionstätigkeit.
Bei der Erarbeitung des **Kontenplans**[42] sind außerdem

- die Anforderungen an die Ergebnisdarstellung, z. B. die Unterscheidung des Ergebnisses in ordentliches und außerordentliches Ergebnis, zu beachten,
- die Konten für Wertgrößen, die im kameralen Rechnungswesen keine Rolle spielen, zu berücksichtigen, z. B. für Abschreibungen, Rückstellungsaufwand usw.

Der nun entwickelten Produkt- und Sachkontenstruktur sind die entsprechenden Wertgrößen zuzuordnen. Dazu sind weitere Ergänzungen und Abgrenzungen erforderlich. Voraussetzung dafür ist ein vertieftes Verständnis der betriebswirtschaftlichen Grundbegriffe. Die Begriffe **Einzahlungen/Auszahlungen**, **Einnahmen/Ausgaben**, **Ertrag/ Aufwand** und **Leistung/Kosten** werden im täglichen Sprachgebrauch häufig verwendet. Für die nun notwendigen Wertermittlungs- und Abgrenzungsaufgaben ist aber auf eine scharfe Differenzierung dieser Begriffe zu achten[43].

---
[41] Vgl. KGSt 2/2004, S. 50
[42] Vgl. KGSt 2/2004, S. 52
[43] Vgl. 4.2

In der **Umsetzungsphase** erfolgt die Zusammenfassung der strukturellen und wertmäßigen Ergebnisse der Überleitungstabellen.

Die folgende Abbildung zeigt die Entwicklung des Ergebnis- und des Finanzplans aus dem kameralen Haushaltsplan durch die strukturelle Überleitung und die notwendigen wertmäßigen Ergänzungen und Abgrenzungen.

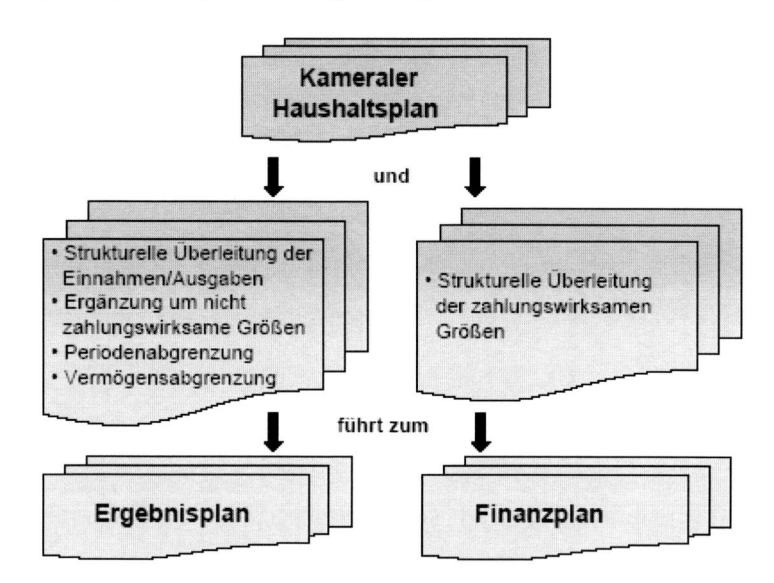

Abbildung 13: Ableitung des Ergebnis- und Finanzplans aus dem kameralen Haushaltsplan[44]

Alternativ ist die Ableitung des **Ergebnisplans** auch aus einer verwaltungsweiten Kosten- und Leistungsrechnung möglich. Dabei sind für den Ergebnisplan die ertrags- und aufwandsgleichen Erlöse und Kosten zu übernehmen, die neutralen Erträge und Aufwendungen zu ergänzen und die kalkulatorischen Erlöse und Kosten abzugrenzen. Für den Finanzplan sind die zahlungswirksamen Größen aus dem Ergebnisplan und aus dem kameralen Vermögenshaushalt zu berücksichtigen.

---

[44] Vgl. KGSt 2/2004, S. 53

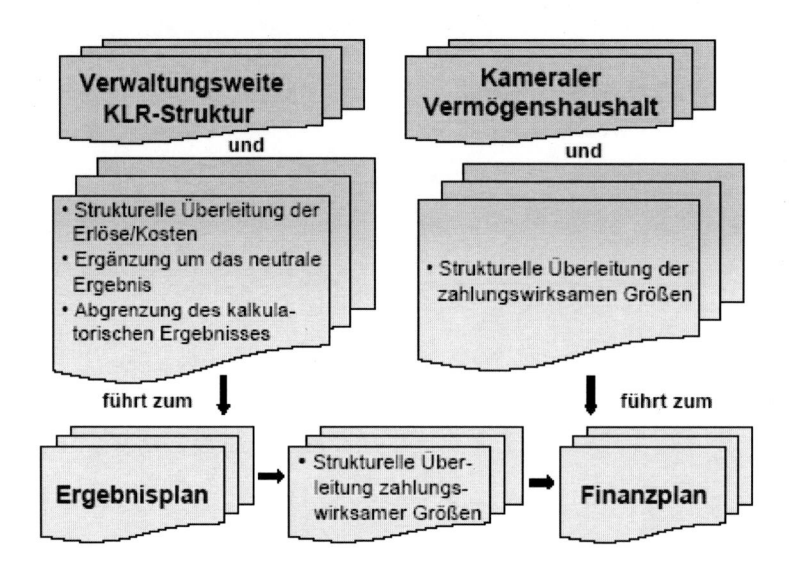

Abbildung 14: Ableitung des Ergebnisplans aus der KLR und des Finanzplans aus dem Vermögenshaushalt und dem Ergebnisplan[45]

In der **Abschlussphase** erfolgt die Prüfung der Vollständigkeit der Überleitung sowie die anschließende Eingabe der ermittelten Wertgrößen in das System.

Die Auswertung der Überleitungstabellen zeigt möglicherweise Lücken im Kontenplan auf, die zu schließen sind. Auch die Wertansätze sind zum Schluss auf ihre Vollständigkeit hin zu prüfen.

5.4.2 Produkte, Budgetierung und KLR

Da von Kommunen insbesondere die Budgetierung vielfach genutzt wird, soll für die Gliederung des Haushaltsplans wahlweise die einheitliche Produktbereichsgliederung oder die organisatorische, produktorientierte Gliederung möglich sein[46].

Budgetierung bezeichnet den betriebswirtschaftlichen Planungsprozess mit dem Ziel, ein Budget zu erstellen. Das Ergebnis ist ein kurzfristig angelegter operativer Unternehmensplan, der das Geschäft für die Zukunft der Kommune abbildet. Das Budget enthält unterschiedliche Teilpläne wie z. B. Absatzplan, Umsatzplan, Personalplan, Investitionsplan und Liquiditätsplan.

Der normierte Produktrahmen stellt eine Mindestvorgabe dar, d. h. den Kommunen wird hier ein Gestaltungsraum zur detaillierten Strukturierung gegeben, der allerdings auch die vorherige Entscheidung über die Erforderlichkeit beinhaltet.

---

[45] Vgl. KGSt 2/2004, S. 54
[46] Vgl. KGSt 2/2004, S. 55

Die Kosten- und Leistungsrechnung ist ebenfalls Bestandteil der Haushaltsreform[47], da sie die Möglichkeit zu einer differenzierten Betrachtungsweise unterhalb der Ebene der Teilhaushalte bietet. Auch wenn die Kosten- und Leistungsrechnung nicht zur Haushaltsplanung herangezogen wird, besteht die Notwendigkeit, sich über ihre zukünftige Ausgestaltung Gedanken zu machen. Grundlage ist auch hier die Überprüfung des aktuellen Entwicklungsstandes im Rahmen der Situationsanalyse.

Im Rahmen der **Situationsanalyse** werden vorhandene Produkthaushalte und Produktbeschreibungen auf Übereinstimmung oder Zuordnungskonflikte mit dem vorgeschriebenen Produktrahmen überprüft.

Weiterhin werden der Entwicklungsstand sowohl der Kosten- und Leistungsrechnung als auch des Controllings und des Berichtswesens überprüft.

Am Ende der Situationsanalyse werden aus den gewonnenen Erkenntnissen organisatorische Konsequenzen abgeleitet.

Soweit noch keine Produktbeschreibungen bzw. Produktkataloge vorliegen, sollte ihre Erarbeitung direkt mit der Zielsetzung verbunden werden, die strukturelle Basis für den Haushalt innerhalb des vorgegebenen Produktrahmens darzustellen. Basis für die Produktstrukturierung kann wiederum eine Kosten- und Leistungsrechnung sein, da die Kostenstellenstruktur wiedergibt, wo bzw. wodurch Ressourcenverbrauch stattfindet (Ort, Verrichtung), und die Kostenträgerstruktur aufzeigt, wofür dieser Ressourcenverbrauch erfolgt (Produkte, Leistungen). Diese Daten können dann entsprechend den Fragestellungen der jeweiligen Adressaten (Politik, Verwaltungsführung, Fachbereichs- oder Amtsleitung) aufbereitet werden[48].

In Verbindung mit der gesetzlichen Vorgabe, auch Ziele und Kennzahlen im neuen Haushalt aufzunehmen, ist die wesentliche Grundlage zur Verwaltungssteuerung durch die Verknüpfung von Ressourcenverbrauchskonzept und Produktmanagement im Haushalt geschaffen.

Diese Verknüpfung ist auch im Rahmen der Budgetierung aufzugreifen, d. h. die häufig anzutreffende Budgetierung als Instrument zur Deckelung von Ausgaben muss sich zu einer Budgetierung entwickeln, die Produktmengen, -wirkungen und -kosten gleichermaßen zum Gegenstand von Planungsprozessen und Zielvereinbarungen macht[49].

---

[47] Vgl. IMK-Beschluss vom 21. November 2003
[48] Vgl. KGSt 2/2004, S. 56-57
[49] Vgl. KGSt 2/2004, S. 58

Während der **Konzeptphase** sind zur Messung der Zielerreichung operative Ziele und Kennzahlen zu formulieren.

In der **Umsetzungsphase** sind Arbeitshilfen zur Umsetzung der Konzepte zu entwickeln und die betroffenen Fachbereiche entsprechend zu schulen und zu unterstützen.

In Zukunft ist zu berücksichtigen, dass weder das Produktkonzept noch die Kosten- und Leistungsrechnung feststehende Arbeitsergebnisse sind, sondern sich regelmäßig den sich ändernden Anforderungen anpassen müssen. Der Wunsch nach lückenloser Informationsdichte führt häufig zu einer Fülle nebensächlicher oder irrelevanter Daten mit erheblichem Aufwand für die Datensammlung und -aufbereitung. Im Interesse einer Konzentration auf Wesentliches im Haushalt sollte in Zukunft die Entscheidung über die Relevanz der Daten stehen, bevor diese gesammelt und als Information aufbereitet werden[50].

In der **Abschlussphase** ist die Umsetzung zu dokumentieren und ein Konzept darüber zu entwickeln, inwieweit man Produktbeschreibungen und die KLR weiterentwickeln kann und diese Erkenntnisse mit der Budgetierung verknüpfen kann.
Weiterhin sind in dieser Phase die Daten aus der KLR in das System einzugeben.
.

5.4.3 Erstellung der Eröffnungsbilanz

5.4.3.1 Erfassung des Vermögens und der Schulden

Im Rahmen der Erstellung der Eröffnungsbilanz geht es darum, die Vermögens- und Schuldensituation der Kommune vollständig darzustellen. Bis auf wenige Ausnahmen müssen die Kommunen die für die Zwecke der Eröffnungsbilanz erforderlichen Daten allerdings erst erheben.
Ausnahmen sind z. B. die vorhandenen Anlagenrechnungen von Gebührenhaushalten und kostenrechnenden Einrichtungen. Darüber hinaus fehlen aber z. B. Rückstellungen fast vollständig.

---

[50] Vgl. KGSt 2/2004, S. 59

Ziel ist es, den Erfassungsprozess und das anschließende Bewertungsverfahren systematisch, zügig, nachprüfbar und zugleich wirtschaftlich zu gestalten. Eine schrittweise Vorgehensweise ist dabei von Vorteil[51]:

- ABC-Analyse zur Einordnung der Bilanzposten und Prioritätenbildung und
- Nutzung der vorhandenen Informationen durch Recherche in allen Verwaltungsbereichen

Das Hauptaugenmerk ist aufgrund des Wesentlichkeitsprinzips auf die Bilanzposten zu legen, die eine große finanzielle Bedeutung bei der Kommune haben. Dazu zählen vor allem Grundstücke, Immobilien und das Infrastrukturvermögen. Aufgrund der Bedeutung dieser Bilanzposten geht diese Diplomarbeit in den Punkten 5.4.3.2 und 5.4.3.3 ausführlicher auf deren Bewertung ein. Weiterhin sind noch unbekannte, aber absehbar erhebliche Größen - wie Rückstellungen und Sonderposten – genauer zu betrachten.

Dies trifft nicht auf Vermögensgegenstände zu, deren Anzahl und somit der Erfassungsaufwand wohl erheblich, der Gesamtwert aber vergleichsweise gering ist, wie z. B. die Büro- und Geschäftsausstattung oder Posten des Umlaufvermögens.

Die folgende Abbildung verdeutlich die erforderliche Prioritätensetzung in Form einer ABC-Analyse.

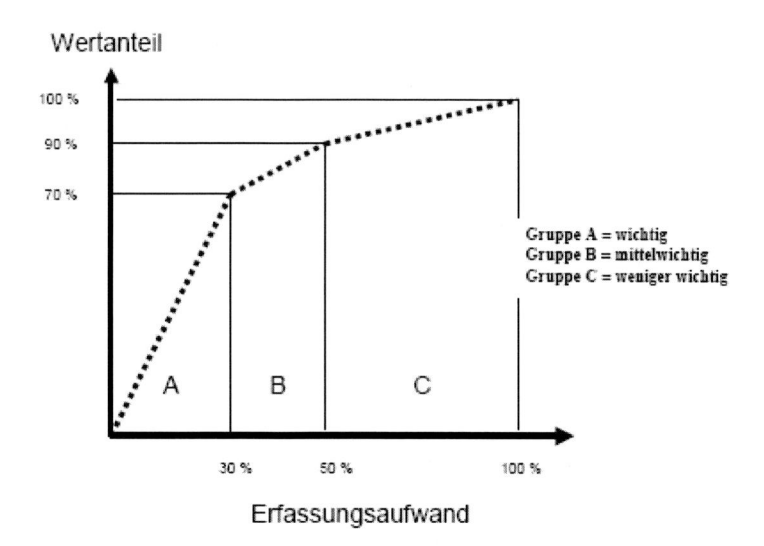

Abbildung 15: ABC-Analyse zur Prioritätenbildung[52]

---

[51] Vgl. KGSt 2/2004, S. 60
[52] Vgl. KGSt 2/2004, S. 61

Eine Vorab-Zuordnung der Bilanzposten zu den Gruppen A-C ermöglicht die Unterscheidung von Wesentlichem und Unwesentlichem. Darüber hinaus liefert sie Ansatzpunkte für die Auswahl und Anwendung entsprechender Erfassungs-, Bewertungs- und Vereinfachungsverfahren.

Nach der geltenden Sächsischen Gemeindehaushaltsverordnung (GemHVO) haben die Kommunen über die unbeweglichen und beweglichen Sachen und grundstücksgleichen Rechte, die ihr Eigentum sind oder ihr zustehen, bereits Bestandsverzeichnisse zu führen[53].

Darüber hinaus sind in kostenrechnenden Einrichtungen Anlagennachweise zu führen. Dies könnte zu der Annahme führen, dass zumindest für die Erfassung und Bewertung des Anlagevermögens eine umfangreiche Datenbasis vorliegt.

Kommunale Realität ist aber eher, dass[54]

- eine vollständige und aktuelle Aufstellung der Vermögensgegenstände nicht vorhanden ist,
- Eigentumsverhältnisse nicht geklärt oder im ersten Moment nicht erkennbar sind,
- im Einzelfall „ungewöhnliche" Abgrenzungs- und Bewertungsfragen auftreten, die auch nicht durch veröffentlichte Hilfestellungen (allgemeine Leitfäden und Literatur) befriedigend beantwortet werden können und
- nicht im notwendigem Ausmaß eigenes Know-how vorhanden ist.

Zur Lokalisierung dieser Problemfelder ist die **Situationsanalyse** für ein weiteres systematisches Vorgehen unerlässlich, um alle vorhandenen Informationen aus den verschiedenen Bereichen der Verwaltung zusammenzutragen und den weiteren Informations- und Handlungsbedarf ermitteln zu können.

In der Situationsanalyse werden u. a. vorhandene und nutzbare Bestands- und Anlageverzeichnisse ermittelt. Die Nutzbarkeit der Dokumente setzt voraus, dass diese vollständig und aktuell sind[55].

Durch das Vorhandensein dieser Dokumente wird die Erfassung der Vermögensgegenstände entscheidend erleichtert.

---

[53] Vgl. § 36 KomHVO Sachsen
[54] Vgl. KGSt 2/2004, S. 61-62
[55] Vgl. KGSt 2/2004, S. 62

In der Regel gibt es viele Fragen während der Vermögenserfassung, die im Laufe einer Inventur immer wieder auftreten und so das Projektteam belasten.

Die Formulierung einer Inventurrichtlinie, die die wichtigsten Begrifflichkeiten und Vorgehensweisen klärt, kann diese Fragen schon im Vorfeld beantworten und ist somit eine wichtige Arbeitsgrundlage.

Im Zusammenhang mit der Erstellung einer Inventurrichtlinie ist zu beschreiben[56]:

- Was ist zu erfassen?
- Wie ist zu erfassen (um spätere Weiterverarbeitung zu gewährleisten)?
- Wie soll in Zukunft die Fortschreibung, Datenpflege und Erfassung von Vermögensveränderungen erfolgen?
- Welche Vereinfachungsmöglichkeiten können genutzt werden?

Im Rahmen der **Konzeptphase** sind neben den Regelungen zur Inventur und Fortschreibung des Inventars auch Festlegungen zum Ansatz und zur Bewertung der Vermögensgegenstände zu treffen.

Den Weg, der im Rahmen der **Umsetzungsphase** zu gehen ist, zeigt die folgende Abbildung:

Abbildung 16: Der Weg von der Inventur zur Eröffnungsbilanz[57]

---

[56] Vgl. KGSt 2/2004, S. 64

Die **Aktiva der Bilanz**[58] umfassen das Anlagevermögen, das Umlaufvermögen und die Rechnungsabgrenzung.

Der Posten des **Anlagevermögens** - Immaterielle Vermögensgegenstände - umfasst das nicht materielle Anlagevermögen (Rechte bzw. so genannte werthaltige Posten wie Computersoftware, Patente, Urheberrechte, Markenrechte), welches entgeltlich erworben wurde. Die Ermittlung erfolgt in der Kämmerei unter Mitwirkung des EDV-Bereichs und des Rechtsamtes.

Die so genannten schwergewichtigen Posten „Unbebaute Grundstücke" und „Bebaute Grundstücke" werden hinsichtlich Erfassung und Bewertung hauptsächlich durch das Immobilienmanagement bzw. durch die Liegenschaftsverwaltung zu bearbeiten sein. Für das Infrastrukturvermögen, Kunstgegenstände und Kulturdenkmäler ist dann die Mitwirkung

bestimmter Fachämter wie Tiefbauamt, Grünflächenamt, Kulturamt usw. erforderlich. Maschinen, Fahrzeuge sowie Betriebs- und Geschäftsausstattung werden sinnvollerweise von der jeweiligen Beschaffungsstelle bzw. den sachverständigen Fachämtern bearbeitet. Bei der Betriebs- und Geschäftsausstattung ist die Anwendung der Fest- und Durchschnittsbewertung als Bewertungsvereinfachung zu prüfen. Die Erfassung und Bewertung der Finanzanlagen in Form von Wertpapieren als Daueranlage wird die Kämmerei zum Bilanzstichtag übernehmen. Diesem Posten ist auch die kamerale allgemeine Rücklage zuzuordnen, wenn sie in Form einer langfristigen Geldanlage vorhanden ist. Der jeweils anzusetzende Wert von Beteiligungen wird von der Kämmerei unter Mitwirkung der jeweiligen Beteiligungen festgestellt.

Innerhalb des **Umlaufvermögens** ist festzustellen, in welchen Bereichen es überhaupt Vorräte gibt. Dies ist gleichzeitig ein guter Anlass, die Erforderlichkeit und Wirtschaftlichkeit der Vorratshaltung zu überprüfen. Die Erfassung und Bewertung erfolgt durch den jeweiligen Fachbereich zum Bilanzstichtag. Für die Fortschreibung ist die Anwendung von Fest- und Durchschnittsbewertung und von Verbrauchsfolgeverfahren als Bewertungsvereinfachung zu prüfen.

Die Forderungen sind zum Bilanzstichtag von der Kämmerei in Verbindung mit dem Steueramt und der Kasse zu erfassen.

---

[57] Vgl. KGSt 2/2004, S. 65
[58] Vgl. 4.2 i. V. m. KGSt 2/2004, S. 65-72

Die **Passiva**[59] **der Bilanz** umfassen das Eigenkapital, das sich aus der Differenz von Vermögen und Schulden ergibt, die Sonderposten, die Rückstellungen, die Verbindlichkeiten und wiederum die Rechnungsabgrenzung.

Unter Sonderposten sind auszuweisen:

- Zuwendungen/Zuschüsse für Investitionen der öffentlichen Hand,
- Zuwendungen/Zuschüsse für Investitionen durch Private (z. B. Erschließungs- und Abwasserbeiträge) und
- Gebührenausgleichsbeträge der Gebührenhaushalte (zur Gebührenkalkulation der Folgejahre).

Für die Bildung von Rückstellungen wird an dieser Stelle nur auf die wesentlichen Posten eingegangen. Für diese Posten sollte eine gewisse Vorlaufzeit vor dem Bilanzstichtag eingeplant werden. Die der Höhe nach größten Posten innerhalb der Rückstellungen werden die Pensionsrückstellungen und die Rückstellungen für unterlassene Instandsetzung sein. Das erforderliche Mengengerüst für die Pensionsrückstellungen in Form personenbezogener Daten hält i. d. R. die Personalverwaltung vor.

Die erstmalige Berechnung der Pensionsrückstellungen - für die Eröffnungsbilanz und dann für die Folgebilanzen - kann entweder

- selbst durchgeführt werden, oder
- durch die Kommunalen Versorgungskassen, wenn sie dies anbieten oder
- durch Hinzuziehung versicherungsmathematischen Sachverstandes erfolgen.

Die Feststellung der Verbindlichkeiten wird wiederum von der Kämmerei zum Bilanzstichtag vorgenommen. Diesem Posten sind i. d. R. auch die Kassenausgabereste und die kameralen Kassenkredite zuzuordnen.

---

[59] Vgl. 4.2

Die **Rechnungsabgrenzungsposten** dienen der periodengerechten Ergebnisermittlung. Zur Periodisierung von Aufwand und Ertrag sind auszuweisen

- als **aktiver** Rechnungsabgrenzungsposten: Ausgaben vor dem Abschlussstichtag - soweit sie Aufwand für eine bestimmte Zeit nach dem Abschlussstichtag darstellen - und

- als **passiver** Rechnungsabgrenzungsposten: Einnahmen vor dem Abschlussstichtag - soweit sie Ertrag für eine bestimmte Zeit nach dem Abschlussstichtag - darstellen.

Zusammenfassend können die zu erledigenden Aufgaben in der **Umsetzungsphase** folgendermaßen definiert werden:

- Information und Einweisung des Erhebungsteams,
- Erhebung der Daten nach Standarden,
- Sammlung, Überprüfung und Verarbeitung der Daten,
- Bewertung entsprechend der gesetzlichen Vorschriften und des örtlichen Bewertungskonzeptes,
- Eingabe der Vermögens- und Schuldenwerte in Datenbanken,
- Zusammenfassung der Bilanzposten.

Die Bewertung des Vermögens und der Schulden wirkt sich direkt auf die Ermittlung des Eigenkapitals aus, das besonders im Rahmen der Eröffnungsbilanz auch auf politisches Interesse stoßen und Anlass für politische Diskussionen sein dürfte. Außerdem beeinflussen die ermittelten Wertansätze für die Vermögensgegenstände die Höhe der Abschreibungen, die als Aufwendungen das Jahresergebnis belasten und somit auch Einfluss auf den Haushaltsausgleich haben.

Im Gegensatz zu der Berücksichtigung von Anschaffungs- und Herstellungskosten handelt es sich bei der Anwendung von Bewertungsverfahren in der Eröffnungsbilanz nicht um eine Kostenfeststellung, sondern um eine - wenn auch nach bestimmten Grundsätzen erfolgende - subjektive Bewertung. Um insbesondere die Nachvollziehbarkeit und damit auch die Prüfbarkeit sicherzustellen, ist deshalb besonderer Wert auf die Dokumentation der Bewertung zu legen.

In der **Abschlussphase** werden alle Werte in die Eröffnungsbilanz übernommen und das Eigenkapital festgestellt.

Weiterhin ist die Eröffnungsbilanz durch das Rechnungsprüfungsamt oder einen Wirtschaftsprüfer zu testieren.

5.4.3.2 Bewertung von Grund und Boden

In der betriebswirtschaftlichen Praxis haben sich drei wesentliche Bewertungsverfahren herausgebildet, die auch in der kommunalwirtschaftlichen Praxis im Rahmen der Umstellung auf die Doppik anzuwenden sind:

- das Ertragswertverfahren,
- das Sachwertverfahren und
- das Vergleichswertverfahren.

Alle drei Verfahren kommen für die Zwecke der Eröffnungsbilanz in Betracht, aber welches Verfahren im Einzelfall geeignet ist, hängt von der Art des zu bewertenden Vermögensgegenstandes ab.

Im „Leitfaden zur Bewertung des kommunalen Vermögens für die Eröffnungsbilanzierung im Rahmen der Einführung eines doppischen Kommunalhaushaltes" der Stadtsparkasse Köln vom Oktober 2002 sind verschiedene Bewertungsmöglichkeiten für die Bewertung von Grund und Boden enthalten, die auch in Sachsen als Grundlage dienen könnten.

Bei der Bewertung von Grund und Boden wird grundsätzlich zwischen bebauten und unbebauten Grundstücken differenziert.

<u>Bewertung von unbebauten Grundstücken</u>[60]

Als Ausgangswert für die Bewertung unbebauter Grundstücke ist der gültige Bodenrichtwert (BRW) anzusetzen.

Dabei ist die jeweils zum Bewertungsstichtag festgestellte Nutzung zu berücksichtigen. BRW werden regelmäßig auf der Grundlage von § 196 BauGB von den örtlich zuständigen Gutachterausschüssen für gebietstypische Nutzungen festgestellt.

---

[60] Vgl. pwc: real estate v. April 2005, S. 4-5

BRW stellen durchschnittliche Bodenwerte je m² Grundstücksfläche für Grundstücke eines Gebietes mit im Wesentlichen gleichen Lage-, Nutzungs- und Wertverhältnissen dar.

Maßgebliche Merkmale und Eigenschaften sind z. B.

- der Erschließungszustand,
- die Art und das Maß der baulichen Nutzung sowie
- die Grundstücksgestalt und
- die Grundstückstiefe.

Abweichungen von den ortstypischen Verhältnissen sind durch entsprechende Zu- und Abschläge zu berücksichtigen.

Zusätzlich können sich Zu- und Abschläge aufgrund von

- Eintragungen im Grundbuch (z. B. Wege- und Leitungsrechte),
- Eintragungen im Baulastenverzeichnis oder
- Eintragungen von Lasten in anderen Verzeichnissen (z. B. Altlastenkataster)

ergeben.

Das folgende Beispiel zeigt eine schematische Darstellung des bei der Bodenbewertung verwendeten **Vergleichswertverfahrens**.
Soweit sich auf dem zu bewertenden Grundstück noch für den Abbruch vorgesehene Objekte befinden, sind die anfallenden Abbruchkosten ebenfalls von dem Gesamtwert des Grund und Bodens absetzbar.

Beispiel: Bodenbewertung

	(Größe in m²) x (Ausgangswert BRW in €/m²)	
./.	Abschläge	
+	Zuschläge	
=	**Bodenwert in €**	
./.	Abbruchkosten in €	
./.	ökologische Lasten in €	
=	**geminderter Bodenwert in €**	**(Vergleichswertverfahren)**

Bei der Anwendung von BRW für eine konkrete Bewertung ist insbesondere darauf zu achten, dass der BRW für eine gebietstypische Nutzung festgelegt wird.

Wird das zu bewertende Grundstück nicht gebietstypisch genutzt, ist ggf. eine andere Basis für die Bewertung heranzuziehen.

Bewertung von bebauten Grundstücken

Bei den bebauten Grundstücken ist zunächst zwischen kommunalnutzungsorientierten und nicht kommunalnutzungsorientierten Flächen zu unterscheiden.

Erstere sind solche Flächen, die mit kommunalnutzungsorientiert errichteten Gebäuden bebaut sind. Einige Länder unterscheiden im Rahmen der Doppik auch zwischen Verwaltungsvermögen, realisierbarem Vermögen und Vermögen im Gemeingebrauch, wobei das realisierbare Vermögen als das Vermögen definiert wird, das ohne Beeinträchtigung der öffentlichen Aufgaben veräußerbar und damit in finanzielle Ressourcen (liquide Mittel) überführbar ist.

Verwaltungsvermögen ist demgegenüber das Vermögen, das ausschließlich von der Verwaltung selbst zur Erstellung ihrer Leistungen genutzt wird.

Vermögen im Gemeingebrauch wird schließlich als das Vermögen definiert, das der Allgemeinheit im Regelfall unentgeltlich zur Verfügung gestellt wird. Die Trennung zwischen realisierbarem Vermögen und Verwaltungsvermögen wird in der Literatur überwiegend abgelehnt, da eine sachgemäße Einteilung in die o. g. Gruppen in der Praxis nicht eindeutig und nicht willkürfrei durchgeführt werden kann. Im Rahmen der Bodenbewertung werden sowohl die nicht kommunalnutzungsorientierten Flächen als auch der Grund und Boden im Bereich des realisierbaren Vermögens analog zu den unbebauten Grundstücken bewertet.

Es kommt somit das o. g. Vergleichswertverfahren, dessen Grundzüge in §§ 13 und 14 der Wertermittlungsverordnung (WertV) beschrieben werden, zum Einsatz.

Für die kommunalnutzungsorientierten Flächen bzw. das Verwaltungsvermögen und das Vermögen in Gemeingebrauch wird i. d. R. ein zusätzlicher Abschlag auf den BRW vorgenommen, der vergleichbar ist mit dem bewertungsüblichen Abschlag auf Gemeinbedarfsflächen. Der von den Gutachterausschüssen hierfür angesetzte Abschlag liegt nach den bisherigen Erfahrungen bei 60 bis 80 Prozent des anzusetzenden BRW. In der Regel ist davon auszugehen, dass die Werte in der Größenordnung der Werte für Bauerwartungsland liegen, was auch den Vorgaben des in Nordrhein-Westfalen im Rahmen des Neuen Kommunalen Finanzmanagements (NKF) eingeführten Verfahrens der Bodenbewertung von kommunalnutzungsorientierten Flächen entspricht. Allerdings verzichtet das NKF bei entsprechend bewerteten Flächen auf weitere Abschläge z. B. für Wege- und Leitungsrechte.

Ausgenommen hiervon sind Abschläge für ökologische Lasten (Altlasten) und besondere Baulasten.

Dieses Verfahren vereinfacht die Bodenbewertung im Rahmen der Einführung der Doppik. Es wird aber von Gutachterausschüssen nicht immer mitgetragen.

Bewertung von Sonderflächen

Grund und Boden bei Infrastrukturvermögen[61]

Bei der Bewertung von Grund und Boden stellen vor allem Nordrhein-Westfalen und Brandenburg, aber auch Bayern, Sachsen-Anhalt und das Saarland auf aktuelle Bodenwerte ab. Im Regelfall wird von 10 Prozent des aktuellen Bodenrichtwertes der umliegenden Grundstücke ausgegangen und ein Mindestwert festgelegt. In Brandenburg ist der Mindestwert an den Wert für Ackerland geknüpft und liegt in Bayern und NRW bei 1,00 Euro/m², im Saarland bei 0,26 Euro/m². Sachsen-Anhalt verwendet den Ansatz von 10 Prozent des Bodenrichtwertes umliegender Grundstücke und den Festwert von 1,00 Euro/m² als gleichwertige Alternativen. Baden-Württemberg orientiert sich ausschließlich an Erfahrungswerten für landwirtschaftliche Flächen. Hessen empfiehlt den Ansatz des niedrigsten Bodenrichtwertes für unbebaute Grundstücke außerhalb der geschlossenen Bebauung der Kommunen. Mecklenburg-Vorpommern legt der Bewertung 20 Prozent des Bodenrichtwertes umliegender Grundstücke zum 1. Januar 2000 bei einem Mindestwert von 0,10 Euro/m² und einer Höchstgrenze je nach Einwohnerzahl der

---

[61] Vgl. pwc: real estate v. April 2006, S. 4

Kommune zwischen 5,00 Euro/m² und 15,00 Euro/m² zugrunde. Schleswig-Holstein empfiehlt zwar die prozentuale Anbindung an den aktuellen Bodenrichtwert mit einem Mindestwert von 1,00 Euro/m², jedoch soll der so ermittelte Wert auf den tatsächlichen Zeitpunkt der Anschaffung, längstens jedoch bis zum Jahr 1975 zurück indiziert werden. Eine Rückindizierung in gleicher Art und Weise ist in Rheinland-Pfalz vorgesehen. Allerdings ist hier als Ausgangswert der volle durchschnittliche Bodenrichtwert der umliegenden Grundstücke aus dem Jahr 2000 oder 2004 anzusetzen.

Aus Sachsen sind bis zum Erstellungszeitpunkt dieser Arbeit bisher keine Vorschläge bekannt.

Öffentliche Grünflächen

Die Bewertung von Grund und Boden von öffentlichen Grünflächen orientiert sich ebenfalls an dem BRW für Umgebungsflächen. In der Regel wird auch hier ein Prozentsatz des BRW angesetzt, der erfahrungsgemäß zwischen 10 und 20 Prozent des BRW für Umgebungsflächen liegt.

Waldflächen

Soweit es sich bei den zu bewertenden Waldflächen um nicht wirtschaftlich genutzte Erholungsflächen handelt, werden diese Flächen analog zu den öffentlichen Grünflächen bewertet. Für Wirtschaftswald wird i. d. R. eine Bewertung nach der Waldwertbewertungsrichtlinie (WaldR) bzw. nach an die WaldR angelehnten Vereinfachungsverfahren durchgeführt, wobei zwischen der Bewertung des Grund und Bodens und des Aufwuchses unterschieden wird. Für den Grund und Boden können bei den jeweils zuständigen Gutachterausschüssen oder bei den Forstbehörden Erfahrungswerte eingeholt werden. In NRW werden im Rahmen der NKF-Bewertung Orientierungswerte von 0,46 Euro bzw. 0,23 Euro je m² für Wald in Naturschutzgebieten genannt[62].

Acker-, Wiesen- und sonstige Flächen

Um den Aufwand bei der Bewertung der Acker- und Wiesenflächen zu begrenzen, wird i. d. R. ein Durchschnittswert nach Nutzungsart für die jeweiligen Flächen festgelegt, der mit dem örtlichen Gutachterausschuss abgestimmt werden sollte. Dasselbe gilt für die Bewertung von Wasserflächen, Un- und Ödlandflächen und Naturschutzflächen.

---

[62] Vgl. Leitfaden Bewertung Vermögen - Sparkasse Köln von 10-2002, S. 15

5.4.3.3 Bewertung von Gebäuden

Grundsätze der Bewertung von kommunalen Gebäuden[63]

In der Bewertung von Immobilien im Rahmen der Aufstellung von kommunalen Eröffnungsbilanzen geht man grundsätzlich von zwei konkurrierenden Wertmaßstäben für die Bewertung von Gebäuden aus:

1. Ansatz der fortgeschriebenen Anschaffungs- und Herstellungskosten
2. Ansatz von Wiederbeschaffungszeitwerten, die i. d. R. nach den gängigen Methoden der Wertermittlungsverordnung (WertV) errechnet werden.

Die gängigen Methoden, die durch die Gutachterausschüsse herangezogen werden, sind gem. § 7 WertV:

1. Ertragswertverfahren (§§ 15-20 WertV)
2. Sachwertverfahren (§§ 21-25 WertV)
3. Vergleichswertverfahren (§§ 13, 14 WertV)

Bewertung mit fortgeschriebenen Anschaffungs- und Herstellungskosten

Bei der Bewertung der kommunalen Gebäude mit fortgeschriebenen Anschaffungs- und Herstellungskosten wird auf die Definition des HGB zurückgegriffen.

Danach sind Anschaffungskosten „Aufwendungen, die geleistet werden, um einen Vermögensgegenstand zu erwerben und ihn in einen betriebsbereiten Zustand zu versetzen, soweit sie dem Vermögensgegenstand einzeln zugeordnet werden können. Herstellungskosten sind die Aufwendungen, die durch den Verbrauch von Gütern und Dienstleistungen für die Herstellung eines Vermögensgegenstandes, seine Erweiterung oder für eine über den ursprünglichen Zustand hinausgehende wesentliche Verbesserung entstehen.[64]"

---

[63] Vgl. pwc: real estate v. August 2005, S. 4-6
[64] Vgl. § 255 Abs. 1 bis 3 HGB

Berechnungsschema **Anschaffungskosten**[65]

    Anschaffungspreis (Ausgangswert)
+   Anschaffungsnebenkosten
./. Anschaffungspreisminderungen
+   nachträgliche Anschaffungskosten
=   **Anschaffungskosten**

Berechnungsschema **Herstellungskosten**

    Materialeinzelkosten
+   Materialgemeinkosten
+   Fertigungseinzelkosten
+   Fertigungsgemeinkosten
+   Sonderkosten der Fertigung
+   Verwaltungskosten
=   **Herstellungskosten**

Die so ermittelten **Anschaffungs- und Herstellungskosten** werden auf der Grundlage der eingeschätzten Gesamtnutzungs- und Restnutzungsdauern um die Alterswertminderung (Abschreibung) gekürzt.

Bei der Bestimmung der Alterswertminderung werden sowohl lineare als auch nichtlineare Abschreibungsmodelle verwendet. Am weitesten verbreitet ist die lineare Wertminderung. Aufgrund der engen Anbindung des Verfahrens an das HGB verweisen die Ländervorschriften i. d. R. bei Bewertungsfragen im Rahmen der Anschaffungs- und Herstellungskosten auf die Rechtsprechung zum HGB.

In der Praxis ist eine Neubewertung nach fortgeschriebenen Anschaffungs- und Herstellungskosten nur in den Fällen praktikabel, in denen es sich bei den zu bewertenden Gebäuden um relativ junge Bauwerke (nicht älter als zehn Jahre) handelt. Für sie liegen i. d. R. entsprechende Rechnungen und Kostennachweise vor oder sind relativ problemlos zu besorgen. Zudem sind nachträgliche Herstellungskosten nur in sehr geringem Umfang angefallen und daher ebenfalls abbildbar.

---

[65] Vgl. pwc: real estate v. August 2005, S. 4

Bei älteren Gebäuden ist eine Bestimmung der Anschaffungs- und Herstellungskosten und insbesondere der nachträglichen Anschaffungs- und Herstellungskosten oftmals nicht oder nur mit unverhältnismäßig hohem Aufwand möglich. Da zudem das HGB einen Nachweis über die tatsächlich angefallenen Kosten in Form von Schlussrechnungen, Kostenaufstellungen o. ä. verlangt und fiktive bzw. geschätzte Kosten explizit ablehnt, ist eine Wertbestimmung über die Anschaffungs- und Herstellungskosten für ältere Gebäude im Normalfall nicht möglich.

Dazu ein Beispiel[66]:

Ein Gebäude, im Jahr 1902 errichtet, wurde im Jahr 1945 durch den Krieg beschädigt und 1954 wieder aufgebaut. 1968 kam ein Anbau hinzu, 1984 erfolgte eine Generalsanierung, und im Jahr 1999 wurden die Heizungsanlage und die Wärmedämmung modernisiert. Für jede der genannten Veränderungen am Gebäude müssten bei der Bewertung mit fortgeschriebenen Anschaffungs- und Herstellungskosten die entsprechenden Kostennachweise vorliegen und die Auswirkungen auf die Restnutzungsdauer sowie die vorzunehmende Wertzu- oder -abschreibung fachgerecht nachgewiesen werden. Zudem sind Währungsumstellungen und Inflation mit in die Wertbetrachtungen einzubeziehen. Allein der direkte Nachweis der Kosten von einzelnen Maßnahmen, die mehr als zehn Jahre zurückliegen, stellt für viele Kommunen ein ernsthaftes Problem dar. Aus diesem Grund wird die hier beschriebene Methodik in der Praxis so gut wie nie angewandt.

Bewertung mit Wiederbeschaffungszeitwerten

Bei dieser Methode wird der Zeitwert sachgerecht für die einer Erstbewertung zu unterziehenden Immobilien nach den Wertmaßstäben des öffentlichen Baurechts ermittelt, zu denen es überdies eine gefestigte Rechtsprechung gibt. Zur Ermittlung von Verkehrswerten i. S. von § 194 BauGB – die als Zeitwerte verstanden werden können – werden bereits o. g. gängige Methoden (Vergleichs-, Ertrags- und Sachwertverfahren) angewandt. Bei allen genannten Verfahren wird immer eine gesamte Liegenschaft, d. h. der Grund und Boden und – soweit vorhanden – die Gebäude, bewertet.

In dieser Arbeit wird in diesem Abschnitt nur auf die Gebäude eingegangen.

---

[66] Vgl. pwc: real estate v. August 2005, S. 4

Vergleichswertverfahren

Bei Anwendung des Vergleichswertverfahrens sind Kaufpreise solcher Immobilien heranzuziehen, die hinsichtlich der ihren Wert beeinflussenden Merkmale mit der zu bewertenden Liegenschaft hinreichend übereinstimmen (Vergleichsimmobilien). Finden sich in dem Gebiet, in dem die Immobilie gelegen ist, nicht genügend Kaufpreise, können auch Vergleichsimmobilien aus vergleichbaren Gebieten herangezogen werden (§ 13 Abs. 1 WertV). Auf diese Methode wird i. d. R. zur Bewertung des Grund und Bodens, soweit entsprechende Vergleichswerte vorhanden sind, sowie bei Eigentumswohnungen zurückgegriffen.

Eine Bewertung von kommunalnutzungsorientierten Gebäuden ist wegen fehlender Vergleichswerte nicht möglich.

Ertragswertverfahren

Der Verkehrswert ist gem. § 7 Abs. 1 S. 2 WertV aus den Ergebnissen des angewendeten Verfahrens unter Berücksichtigung der Lage auf dem Grundstücksmarkt zu bemessen. Zwar wendet man in den letzten Jahren vor allem bei der Wertermittlung öffentlich genutzter Verwaltungs- und Lagergebäude zunehmend auch das Ertragswertverfahren an. Häufig wird jedoch eine Analyse der zu bewertenden Immobilien ergeben, dass eine Ertragsbewertung zu keinen sinnvollen Ergebnissen führt, weil ein Markt für derartige, nicht auf Ertragserzielung ausgerichtete Immobilien fehlt. Folgende Sachverhalte sprechen gegen die grundsätzliche Verwendung des Ertragswertverfahrens:

- Die kommunalen Immobilien sind u. a. wegen ihrer Zweckbestimmung (z. B. kulturelle oder soziale Einrichtungen) und ihrer Bindung an die Erfüllung hoheitlicher Aufgaben (z. B. öffentliche Verwaltung) i. d. R. nicht drittverwendbar.
- Der besondere Eigentumsstatus dieser Immobilien (in öffentlicher Hand) führt zu einer geringen Fungibilität, d. h. sie sind nicht in jeder beliebigen Funktion einsetzbar
- Die dem Ertragswertverfahren zugrunde liegende Voraussetzung, dass sich der Wert einer Immobilie nach den aus ihr künftig zu erzielenden Erträgen bemisst, ist nicht von Belang.

In der Praxis wird das Ertragswertverfahren im kommunalen Bereich hauptsächlich für den Mietwohnungsbestand verwendet, soweit es sich bei den Gebäuden um marktübliche und marktgängig vermietete Immobilien handelt.

Schema zur Ermittlung des Ertragswertes von Gebäuden[67]:

	Mietfläche in m² x Jahresmiete je m² in €
./.	nichtumlagefähige Bewirtschaftungskosten im Jahr in €
./.	Bodenwertanteil in €
=	**Zwischenwert in €**
x	Vervielfältiger (Verzinsung über RND)
./.	unterlassene Instandhaltung in €
./.	sonstige Abschläge in €
=	**Ertragswert der baulichen Anlage in €**
+	Bodenwert in €
=	**Ertragswert der Immobilie in €**

Unter den **nichtumlagefähigen Bewirtschaftungskosten** werden die Instandhaltungs- und Verwaltungskosten sowie das Mietausfallwagnis zusammengefasst.

Der **Bodenwertanteil** resultiert aus dem Bodenwert und dem Bodenzins (entspricht i. d. R. dem Liegenschaftszinssatz).

Das Ergebnis wird mit dem **Vervielfältiger** multipliziert, der sich aus Liegenschaftszinssatz und Restnutzungsdauer ergibt.

Durch Abzug von unterlassener Instandhaltung und möglicherweise vorhandenen sonstigen Abschlägen (z. B. Kosten für Schadstoffsanierungen an Gebäuden) sowie Addition des Bodenwertes errechnet sich der Ertragswert der Liegenschaft.

Sachwertverfahren

Bei der Ermittlung des Sachwertes von Gebäuden wird, ausgehend von Normalherstellungskosten je Bezugseinheit (z. B. je m² Nutzfläche), zunächst deren Herstellungswert bestimmt. Hiervon wird zur Bestimmung des rechnerischen Zeitwertes die Alterswertminderung abgesetzt, die meist in Form von überwiegend linear ermittelten Abschreibungen ermittelt wird. Dabei sind die Gesamtnutzungsdauer (GND) und die Restnutzungsdauer (RND) zu berücksichtigen.

---

[67] Vgl. pwc: real estate v. August 2005, S. 5

Durch Abzug der Wertminderung wegen unterlassener Instandhaltung und sonstiger Abschläge wird der tatsächliche Zeitwert (Bauzeitwert) sowie zusätzlich durch Addition des Bodenwertes der Sachwert der Liegenschaft festgestellt.

Nähere Informationen zum Sachwertverfahren gibt es in großem Umfang in der einschlägigen Literatur sowie in einer kurzen Übersicht am Beispiel eines Einfamilienhauses in der elektronischen Anlage[68] dieser Arbeit, auf die hiermit verwiesen wird.

Aufgrund des begrenzten Umfanges dieser Arbeit wird nicht jeder Fachbegriff im Rahmen dieser Arbeit näher erläutert. Es werden die Grundlagen vermittelt.

5.4.4 Organisation des Rechnungswesens

Mit dem Umstieg auf ein doppisches Rechnungswesen mit verändertem Buchungsstil findet ein grundlegender Wandel mit Konsequenzen für die bisherige Aufbau- und Ablauforganisation im Rechnungswesen statt. Hiervon ist nicht nur die Kämmerei betroffen, sondern auch die Kasse sowie verschiedene Fachbereiche, soweit sie Aufgaben im Rahmen des Rechnungswesens wahrnehmen. Neben der inhaltlichen Entwicklung des Rechnungswesens ist somit die Weiterentwicklung und Effizienzsteigerung der Organisation Zweck der Analyse des Teilprojektes „Organisation des Rechnungswesens".

Die **Situationsanalyse** der organisatorischen Gestaltung des Rechnungswesens ist zum einen erforderlich, um den Status Quo feststellen und mit Alternativen vergleichen zu können. Sie ist allerdings auch dann erforderlich, wenn als Folge des Vergleichs keine Veränderungen geplant werden, da sie wichtige Informationen für die Teilprojekte Finanzsoftware (z. B. Anzahl Lizenzen) und Mitarbeiterschulung (z. B. Schulungsaufwand) liefern muss[69].

Die folgende Abbildung gibt einen vereinfachten Überblick mit den bisher i. d. R. anzutreffenden Zuständigkeiten im Hinblick auf das Rechnungswesen innerhalb der Kommune. Dabei beinhaltet der Überblick nur die Aufgabenbereiche des Rechnungswesens, die am stärksten von den Veränderungen betroffen sind:

---

[68] Vgl. Sachwertverfahren Dipl-Ing-Ralf Kroell von 2002
[69] Vgl. KGSt 2/2004, S. 74

	Bezeichnung	Kämmerei	Kasse	Facheinheiten
Aufgaben des Rechnungswesens	Hauptbuchhaltung	X		X
	Nebenbuchhaltungen:			
	Kreditoren-/Debitorenbuchhaltung (Personenkonten)		X	
	Anlagenbuchhaltung			X
	Liquiditätsmanagement	X	X	
	Betriebsbuchhaltung (Kostenrechnung)			X
	Lagerbuchhaltung			X

Abbildung 17: Überblick über die Aufgaben des Rechnungswesens und Zuständigkeiten[70]

Die Kämmereien sind bisher vor allem für die Grundsatzangelegenheiten der Buchführung und die Betreuung der Fachbereiche zuständig.

Deshalb wird das Buchungsgeschäft vor allem in größeren Kommunen dezentral wahrgenommen.

Im Zusammenhang mit der Hauptbuchhaltung stellt sich die Frage, wie in der Doppik die Haushaltsüberwachung geregelt werden kann.

Die Gestaltung der Hauptbuchhaltung hat auch Einfluss auf die mit der Finanzsoftware auszustattenden Arbeitsplätze.

In den verschieden Bereichen der Nebenbuchhaltung ist ebenfalls zu entscheiden, ob die Aufgaben des Rechnungswesens zentral oder dezentral wahrgenommen werden sollen[71].

Regelungen für den Aufgabenbereich der Kasse – der **Kreditoren- und Debitorenbuchhaltung** – werden in den Arbeitsentwürfen der neuen Gemeindeordnung getroffen.

Die **Anlagenbuchhaltung** gewinnt in Zukunft erheblich an Bedeutung. Hier werden für die gesamte Verwaltung die Objekte des Anlagevermögens und die damit verbundenen Investitionszuweisungen und -zuschüsse erfasst und fortgeschrieben. Außerdem sind die bilanziellen Abschreibungen für die Ergebnisrechnung sowie die kalkulatorischen Ab-

---

[70] Vgl. KGSt 2/2004, S. 75
[71] Vgl. KGSt 2/2004, S. 76

schreibungen und Zinsen für die Kostenrechnung zu ermitteln. Die Unterschiedlichkeit der Vermögensgegenstände und eine sinnvolle Fachnähe mögen für eine dezentrale Wahrnehmung der Anlagenbuchhaltung sprechen. Dem gegenüber stehen ihre hohe Bedeutung für den Jahresabschluss und das (noch) unzureichende Know-how in den meisten Fachbereichen.

Für das **Liquiditätsmanagement** bilden künftig Finanzplan und -rechnung die wesentlichen Datengrundlagen. Die Sicherstellung der Liquidität ist immer Gesamtaufgabe und somit zentral sicherzustellen.

Die **Betriebsbuchhaltung** bildet mit der Kalkulation das Gebiet der Kostenrechnung, deren Aufgabe die Erfassung, Verteilung und Zurechnung der Kosten ist, die bei der betrieblichen Leistungserstellung (Produkte) und -verwertung (Einsatz von Personal, Nutzung oder Verbrauch von Sachmitteln usw.) entstehen.

Die Notwendigkeit einer operativen Detailsteuerung spricht eindeutig für eine dezentrale Durchführung.

In der **Lagerbuchhaltung** werden die Verbrauchsgegenstände und Vorräte des Umlaufvermögens erfasst und fortgeschrieben. Dass eine Lagerhaltung nur in bestimmten Verwaltungsbereichen erfolgt und nur vor Ort Zugänge und Entnahmen aufgezeichnet werden können, spricht für eine dezentrale Wahrnehmung der Lagerbuchhaltung.

In der **Konzeptphase** sind aber nicht nur die Aufgaben zu untersuchen, sondern auch die einzelnen Vorgänge der Aufgabenerledigung, ihre Bedeutung im Neuen Haushalts- und Rechnungswesen und ihre Auswirkungen bei dezentraler bzw. zentraler Durchführung.

Die **Kontierung** wird in Zukunft eine weitaus größere Bedeutung haben als im kameralen Rechnungswesen. Soll sie dezentral erfolgen, bedeutet dies, dass die Auswahl der Konten und die Zuordnung zum entsprechenden Produkt vor Ort erfolgt. Die Auswahl der richtigen Konten erfordert allerdings weit reichende betriebswirtschaftliche Kenntnisse, um z. B. zu erkennen, ob es sich um aktivierungspflichtige Geschäftsvorfälle, um Rechnungsabgrenzungsposten, um ein Abgrenzungsproblem zwischen Aufwand und Auszahlung usw. handelt. Die **Buchung** im System kann von einer zentralen Serviceeinheit vorgenommen werden. Im Gegenzug benötigen dann die zentralen Buchungskräfte ein nicht so fachspezifisches Detailwissen, da die **Kontierung** durch die dezentralen Facheinheiten vorgeschlagen wird.

Kontierung			
dezentral		zentral	
Pro	Contra	Pro	Contra
Dezentrale Mitarbeiter/-innen kennen ihre Konten und sind bereits für die fachliche Zuordnung verantwortlich	Detailliertes betriebswirtschaftliches Know-how bei vielen Beschäftigten erforderlich, Gefahr der fehlerhaften Kontierung	Kontrolle aus betriebswirtschaftlicher und fachlicher Sicht	Kontrollaufwand in zentraler Einheit steigt

Abbildung 18: Pro und Contra dezentraler und zentraler Kontierung[72]

Nehmen die dezentralen Facheinheiten neben der Kontierung auch das Buchungsgeschäft wahr, gibt es keine Überprüfung der Kontierung. Neben dem fachlichen Knowhow ist hier ein vertieftes Wissen um betriebswirtschaftliche Zusammenhänge und um die Softwarebedienung zwingende Voraussetzung für eine Vielzahl von Fachkräften.

Buchung			
dezentral		zentral	
Pro	Contra	Pro	Contra
Zusammenlegung der Prozesse Kontierung und Buchung	Gefahr von Falschbuchungen aufgrund unzureichender betriebswirtschaftlicher Kenntnisse	Höhere Buchungssicherheit	Rückkopplungsaufwand steigt

Abbildung 19: Pro und Contra dezentraler und zentraler Buchung[73]

In der **Umsetzungsphase** sind die neuen Aufbau- und Ablaufstrukturen im Rechnungswesen zu etablieren.

In der **Abschlussphase** sind die neuen Aufbau- und Ablaufstrukturen regelmäßig i. V. m. der neuen Software zu überprüfen.

---

[72] Vgl. KGSt 2/2004, S. 77
[73] Vgl. KGSt 2/2004, S. 77

5.4.5 Integration der Finanzsoftware

Viele Kommunen haben bereits mit der Jahrtausendwende oder der Euroumstellung in eine neue Finanzsoftware investiert, die das derzeitige kamerale Rechnungswesen abbildet. Dabei ist die Sofware evtl. bereits ergänzt um die Möglichkeit zur Integration der Kosten- und Leistungsrechnung und den Umstieg auf die kaufmännische Buchführung. Soweit bisher noch keine Software beschafft wurde, die die genannten Merkmale aufweist, ist aufgrund der nicht vorliegenden definitiven Rechtsgrundlagen und der angespannten Haushaltslage bei den Kommunen Unsicherheit hinsichtlich der Softwareauswahl und somit Investitionszurückhaltung zu beobachten.

Der nachfolgende **Leitsatz** dient als Grundlage für eine individuelle, die örtlichen Gegebenheiten berücksichtigende Gestaltung des Auswahlverfahrens[74]:

Die Auswahl der Finanzsoftware

- ist in die IT-Gesamtstrategie der Verwaltung einzubinden,
- erfolgt in enger Abstimmung mit den fachinhaltlichen Aufgaben für das „Neue Haushalts- und Rechnungswesen" und
- wird in strukturierten und mit dem fachinhaltlichen Projekt abgestimmten Verfahrensschritten durchgeführt.

Im Rahmen der **Situationsanalyse** ist vorab die vorhandene Softwarestruktur zu untersuchen.

Ergänzt wird die Situationsanalyse durch eine **Anforderungsanalyse**, die die wichtigsten Produkteigenschaften für die neue Finanzsoftware aufzeigen soll und die die Grundlage für die gezielte Informationsbeschaffung zur anschließenden Auswahl bildet.

---

[74] Vgl. KGSt 2/2004, S. 81

Zu berücksichtigen sind[75]

- rechtliche Anforderungen,
- organisatorisch-technische Ansprüche an Wartung, Service, IT-Systemlandschaft, Datenbankstruktur, Zugriffsberechtigungen und Archivierungsmöglichkeiten,
- fachliche Voraussetzungen (Haushaltsplanung und -bewirtschaftung, Budgetierung, Verfügbarkeitskontrolle, Kosten- und Leistungsrechnung sowie Controlling und Berichtswesen),
- benutzerspezifische Anforderungen (Benutzeroberfläche, Bedienbarkeit, Servicefunktionen wie Plausibilitätsprüfung, Suchfunktionen, Bearbeitungsgeschwindigkeit usw.) und
- sonstige kommunalspezifische Anforderungen (Einbindung der Beteiligungen usw.).

Als Resultat der Situations- und Anforderungsanalyse entsteht im Rahmen der **Konzeptphase** ein so genannter Anforderungskatalog.

Alle im Anforderungskatalog definierten Punkte sind zu gewichten. Die Gewichtungskriterien sind für alle Anforderungen einheitlich festzulegen.

Als Ergebnis sollten die wichtigsten Anforderungen an die neue Finanzsoftware, die Mindestausprägungen sowie optionale Eigenschaften und Funktionalitäten herausgearbeitet und eindeutig formuliert worden sein.

Im Rahmen der **Umsetzungsphase** sollte mit Hilfe des Anforderungskataloges eine Vorauswahl der geeigneten Softwareanbieter getroffen werden.

In der Regel wird die endgültige Auswahl erst nach erfolgter Ausschreibung erfolgen können. Hierbei sind die Vorschriften des Vergabeverfahrens zu beachten, welche hier nicht näher erläutert werden.

Wenn die Entscheidung für eine Standardsoftware gefallen ist, hat eine Anpassung an die örtlichen Anforderungen zu erfolgen.

Dazu erfolgen die technische Einrichtung und die inhaltliche Anpassung der Software entsprechend der entwickelten Konzepte. In der Regel bieten die Softwareanbieter Vorgehensmodelle für die Einführung und Anpassung der Standardsoftware an.

---

[75] Vgl. KGSt 2/2004, S. 82

Im Mittelpunkt der **Abschlussphase** steht der Testbetrieb der Software.

Die Software wird auf Systemleistung und Fehlerfreiheit unter realen Bedingungen getestet.

Hierzu sind typische Geschäftsvorfälle durchzuspielen, um das Ergebnis der Anwendung zu beurteilen. Die Prüfung der Übernahmefähigkeit der Altdaten durch Zeitvergleiche oder Datenrückverfolgung ist allerdings schwierig, da durch die neuen Rechnungselemente strukturelle Änderungen erfolgen. Soweit auf sehr aufwendige Überleitungsrechnungen verzichtet wird, entsteht mit dem Zeitpunkt der Umstellung ein Bruch im Datenmaterial[76].

Die Schlussabnahme sollte sich letztlich nicht nur auf die Feststellung beziehen, dass die Einrichtung der Finanzsoftware an sich korrekt ausgeführt wurde, sondern dass sie auch entsprechend den konzeptionellen Anforderungen erfolgte.

Der erfolgreichen Schlussabnahme folgt die Überführung des Testsystems in das Produktivsystem.

Der Produktivstart mit verwaltungsweiter Einführung schließt die Integration der Finanzsoftware ab. Alle Anwender sollten nun ihre jeweiligen Aufgaben kennen und das System weitestgehend beherrschen.

5.4.6 Mitarbeiterqualifizierung

Mit dem neuen Haushalts- und Rechnungswesen verändern sich auch die Anforderungen an die Mitarbeiterinnen und Mitarbeiter verschiedener Ebenen auf unterschiedliche Weise.

Wie auch die Befragung unter den sächsischen Kommunen in Punkt 3 ergeben hat, ist die Mitarbeiterqualifizierung eines der wichtigsten Schritte im Umstellungsprozess auf die Doppik.

Spätestens mit Beginn des verwaltungsweiten Haushaltsplanungsprozesses muss mindestens bei den darin involvierten Beschäftigten ein Fachwissen vorliegen, das eine hohe Qualität und Sicherheit im Planungs- und im nachfolgenden Bewirtschaftungsprozess aufweist[77].

---

[76] Vgl. KGSt 2/2004, S. 86
[77] Vgl. KGSt 2/2004, S. 87

Dieses Fachwissen bezieht sich auf

- ein betriebswirtschaftliches Verständnis für die Bestandteile des neuen Rechnungswesens,
- die Kenntnis der zukünftigen Abläufe des Buchungsgeschäftes und
- die Anwendung der neuen Finanzsoftware.

Für einen erweiterten Personenkreis besteht ein je nach Funktion abgestufter Qualifikationsbedarf.
Die **Vorabschulung** und **mitlaufende Schulung** der Projektmitarbeiterinnen und -mitarbeiter hat oberste Priorität.
Eine indirekte Qualifizierung ist aber auch mit der Teilnahme an der Projektarbeit verbunden.
Durch ein gut durchdachtes Informationsangebot im Rahmen des Projektmarketing[78] ist ein gewisses Maß an Qualifizierung auch für alle Beschäftigten möglich.
Inhaltlicher Schwerpunkt des Teilprojektes Mitarbeiterqualifizierung ist aber die Entwicklung eines Schulungskonzepts und die Organisation der Durchführung.

Der Umfang der Mitarbeiterqualifizierung ist abhängig von der Größe und Struktur der jeweiligen Kommune. Dabei sind die Stärken und Schwächen des eigenen Personals zu berücksichtigen. Begrenzende Faktoren stellen die finanziellen Möglichkeiten zur Qualifizierung sowie die Zeitplanung dar. Eine sinnvolle Ergänzung zur Qualifizierung des vorhandenen Personals kann die Einstellung von betriebswirtschaftlich ausgebildetem Personal oder die zeitlich begrenzte Mitarbeit von externen Fachkräften sein.

Die **Situationsanalyse** erfolgt in Form einer konzentrierten Aufnahme des vorhandenen betriebswirtschaftlichen Know-hows. Neben den Haushaltssachbearbeitern und Kostenrechnern gibt es häufig auch Fachkräfte, die in ihrer Ausbildung oder vor ihrer Tätigkeit in der öffentlichen Verwaltung bereits mit dem kaufmännischen Rechnungswesen konfrontiert worden sind. Dieses bisher nicht abgefragte Wissen gilt es zu mobilisieren und aufzufrischen[79].

---

[78] Vgl. Punkt 5.2.4
[79] Vgl. KGSt 2/2004, S. 88

Im Hinblick auf Überlegungen zum Aus- und Fortbildungsumfang sollte auch geprüft werden, ob organisatorische Veränderungen erfolgen sollen und in welchem Zeitraum diese realisierbar sind.

Einfluss auf das Qualifizierungskonzept hat auch die ausgewählte Finanzsoftware, die - neben der inhaltlichen - eine technische Qualifizierung erforderlich macht.

Dabei ist zu beachten, dass oft erst das inhaltliche Verständnis den fehlerfreien Umgang mit der Software ermöglicht.

Im Rahmen der **Konzeptphase** ist ein Qualifizierungskonzept zu entwickeln.

Das Qualifizierungskonzept sollte Aussagen zu den Zielgruppen, zu den Inhalten, zu den jeweils geeigneten Lernformen von Aus- und Fortbildungsmaßnahmen sowie zu der bedarfsgerechten und zeitnahen Wissensvermittlung enthalten.

Als Zielgruppen kommen in Frage:

- die Projektmitarbeiterinnen und -mitarbeiter zur „Einführung des Neuen Haushalts- und Rechnungswesens",
- Fach- und Führungskräfte aus der Finanzsteuerung (Kämmerei, Steueramt, Kasse, Rechnungs- bzw. Gemeindeprüfungsamt),
- Fachkräfte aus dezentralen Einheiten mit Zuständigkeiten für die Finanzen (Haushaltssachbearbeiter, Kostenrechner),
- Führungskräfte aus allen anderen Bereichen außerhalb der Finanzsteuerung (Mitglieder der Verwaltungsführung, Fachbereichs-, Amts-, Abteilungs-, Sachgebietsleiter),
- Beschäftigte mit Sachbearbeitungsfunktionen bzw. Fachkräfte, die Grundkenntnisse im Haushaltswesen benötigten bzw. bei denen in Zukunft diese Grundkenntnisse wünschenswert sind,
- Fach- und Führungskräfte aus den kommunalen Beteiligungen und
- politische Entscheidungsträger.

Entsprechend dieser Zielgruppen ist zu differenzieren nach Qualifizierungsintensität, -priorität und -inhalt[80].

Die Qualifizierungsinhalte lassen sich z. B. unterscheiden in

- Grundzüge betriebswirtschaftlichen Denkens,
- Grundlagen des Rechnungswesens,
- Techniken der Buchführung,
- Grundzüge der Kosten- und Leistungsrechnung und
- Neues Haushalts- und Rechnungswesen.

Sobald die Differenzierungen erfolgt sind, erfolgt die Entwicklung der Qualifikationsangebote.

In der **Umsetzungsphase** können die Qualifikationsmaßnahmen entsprechend der entwickelten Qualifikationsangebote entweder von eigenen Mitarbeitern oder von externen Anbietern im eigenen Haus durchgeführt werden.
Beide Varianten bieten sowohl Vor- als auch Nachteile, auf die hier nicht näher eingegangen wird[81].
Wer welche Schulung mit welchem Inhalt, wann und mit welchem Aufwand, erhalten hat, sollte vollständig dokumentiert werden, um im Rahmen der **Abschlussphase** über einen entsprechenden Überblick zu verfügen.

5.5 Projektcontrolling

Während der Entwicklung des Konzeptes zur Umstellung von der Kameralistik auf die Doppik wurden verschiedene Ziele formuliert.

Dabei ging es um[82]

- inhaltliche Anforderungen, die zu erfüllen sind (Leistungen)
- zeitliche Vorgaben für die inhaltliche Arbeit (Termine) und
- zur Verfügung stehende Ressourcen (Kosten).

---

[80] Vgl. KGSt 2/2004, S. 90
[81] Vgl. KGSt 2/2004, S. 92-93
[82] Vgl. KGSt 2/2004, S. 94

```
            Leistung
               /\
              /  \
             /    \
            / Steuerungs- \
           /   dreieck     \
    Termin /_____\ Kosten
```

Abbildung 20: Steuerungsdreieck des Projekt-Controlling[83]

Aufgabe des Controllings ist die Sicherstellung einer ergebnisorientierten Planung und Umsetzung der definierten Ziele.

Es sind einige Instrumente vorhanden, die ein effektives Projektcontrolling sicherstellen.

Dazu gehören u. a.

- Frühwarn- und Steuerungsinstrumente sowie
- regelmäßige Erstellung von Projektberichten und Dokumentationen.

Die nähere Erläuterung dieser Controlling-Instrumente ist nicht Gegenstand dieser Arbeit.

Anliegen ist es aber, auf die Möglichkeiten des Projektcontrolling hinzuweisen und gleichzeitig damit dessen Bedeutung in der Projektarbeit zu unterstreichen.

---

[83] Vgl. KGSt 2/2004, S. 94

6 Nutzen der Einführung der Doppik für die sächsische Kommune

Die Vorteile der Doppik im Vergleich zur Kameralistik wurden bereits in Punkt 4.3 genauer herausgearbeitet. Welchen Nutzen die Umstellung auf die Doppik den Kommunen bringen soll, wird nun zum Ende dieser Arbeit herausgearbeitet.

Kurzfristig bis **mittelfristig** - nach Einführung der Doppik – werden die Kommunen aufgrund eines transparenteren Haushaltes einen besseren Gesamtüberblick über ihr Vermögen und ihre Schulden erlangen können. Aufgrund der bereits heute schlechten Haushaltslage wird die Umstellung auf die Doppik in vielen Kommunen dazu führen, dass die Verschuldungssituation lediglich konkretisiert wird.

Die Kommunen haben aber aufgrund der neuen Informationen nun die Chance, den eigenen Haushalt durch gezielte Maßnahmen nach den gegebenen Möglichkeiten zu sanieren.

Die Einführung der Doppik eröffnet für die Kommunen die Möglichkeit, die zur Verfügung stehenden Ressourcen besser zu bewirtschaften.

Mit Einführung der Doppik wird der Aufwand zum Unterhalt der inputgesteuerten kommunalen Verwaltung vorerst nicht geringer. Die Verwaltungsstrukturen sind ebenfalls zu straffen.

Ziel der Kommunen ist es, **langfristig** die Kosten - durch die Einführung der Doppik – zu senken.

Kostensenkungen sind aber erst möglich, wenn - neben der ergebnisorientierten (outputorientierten) Steuerung der Finanzen - der Verwaltungsapparat ebenfalls über eine ergebnisorientierte Struktur verfügt.

Die Strukturen der Kommunen am Ergebnis auszurichten, heißt dann auch, gewünschte Ergebnisse nicht allein am politischen Tagesbedarf zu orientieren, sondern unabhängig vom politischen Willen erfolgversprechende Strategien überprüfen zu können.

Der Weg zum Ziel ist dabei unabhängig von bestehenden Strukturen durchzukalkulieren.

7 Schlussbetrachtung

Ziel dieser Arbeit war es - auf Grundlage der bereits vorhandenen Konzepte zur Umstellung auf die Doppik - einen kompakten Leitfaden für die Kommunen in Sachsen zur Umstellung auf die Doppik zu entwickeln.

Der Freistaat Sachsen ist als Grundlage für diese Arbeit ausgewählt worden, da in Sachsen in Richtung der Doppik bis zum Erstellungszeitpunkt dieser Diplomarbeit wenig passiert ist und somit genügend Raum für wissenschaftliche Untersuchungen vorhanden ist.

Um den Fortschritt der sächsischen Kommunen im Gesamtkonzept der Doppik besser einschätzen zu können, wurde in Punkt 3 der Arbeit eine repräsentative Umfrage unter sächsischen Kommunen durchgeführt. Mit dieser Umfrage sollte näher festgestellt werden, wie weit sich die Kommunen tatsächlich bereits im Umstellungsprozess befinden.

Dabei wurde festgestellt, dass die Mehrheit der Kommunen bereits im begrenzten Umfang mit der Umstellung auf die Doppik begonnen hat. Die Kommunen beschränken sich dabei jedoch auf vorbereitende Maßnahmen. Dabei beschäftigen sich die meisten Kommunen, die sich bereits im Umstellungsprozess befinden, mit der Erfassung des Anlagevermögens. Einige Kommunen haben diesen Prozess bereits abgeschlossen. Eine Herausforderung stellt in diesem Zusammenhang die Bewertung des Anlagevermögens dar. Hierzu liegen noch keine gesetzlichen Vorschriften vor. Deshalb hat sich diese Arbeit in Punkt 5.4.3 näher dem Bewertungsthema - auf Grundlage der Bewertungsvorschriften in anderen Bundesländern – gewidmet. Dabei wurden verschiedene Bewertungsansätze vorgeschlagen.

Dadurch, dass es in Sachsen bisher noch keine verbindlichen gesetzlichen Regelungen zur Umstellung auf die Doppik gibt, sind die Kommunen mit ihren Umstellungshandlungen noch sehr zurückhaltend. Es besteht die Gefahr, dass weitergehende Umstellungshandlungen zum jetzigen Zeitpunkt umsonst sein könnten.

Denn sobald die gesetzlichen Grundlagen geschaffen sind, könnte dies zu einer Verwerfung der bisherigen Umstellungshandlungen führen, wenn die bisherigen Umstellungshandlungen nicht mit den dann geltenden gesetzlichen Grundlagen vereinbar sind.

Eine weitere grundlegende Erkenntnis, die aus der Umfrage gewonnen werden konnte, ist, dass die Mitarbeiter der kommunalen Verwaltung zum jetzigen Zeitpunkt fachlich noch vollkommen unzureichend auf die Doppik vorbereitet sind.

Deshalb stellt die Mitarbeiterqualifizierung im Zusammenhang mit der Einführung der Doppik eine wichtige Aufgabe dar.

Die Mitarbeiter der kommunalen Verwaltung sind durchaus an Weiterbildungsmaßnahmen interessiert.

Dadurch, dass es bisher sehr wenige Weiterbildungsangebote gibt, ist gezwungenermaßen der Bildungsstand der Mitarbeiter in Bezug auf die Doppik unzureichend.

Zusammenfassend kann man sagen, dass in den sächsischen Kommunen derzeit noch eine große Unsicherheit in Bezug auf die Doppik herrscht.

Der Autor empfiehlt deshalb - in einem absehbaren zeitlichen Rahmen – die gesetzlichen Grundlagen für die Doppik in Sachsen zu schaffen.

Gleichzeitig sollten damit entsprechende umfangreiche Qualifizierungsmaßnahmen angeboten werden, um den Mitarbeitern das benötigte Fachwissen - in Bezug auf die Doppik – ausreichend vermitteln zu können.

Im Rahmen der Umstellung wird es sicher viele Herausforderungen - sowohl für die Kommunen als auch für den Gesetzgeber – geben.

In ganz Deutschland – vor allem in NRW - gibt es Kommunen, die bereits die Umstellung auf die Doppik komplett abgeschlossen haben und somit als Grundlage für die Umstellung in Sachsen dienen könnten.

Es ist aber zu beachten, dass die Doppik auch dort noch in den „Kinderschuhen" steckt.

Eine Orientierung an den Pilotkommunen kann so eine hilfreiche Unterstützung im Umstellungsprozess für die Kommunen in Sachsen darstellen.

Gleichzeitig aber garantiert die Orientierung an bereits umgestellten Kommunen keineswegs einen reibungslosen Ablauf des Umstellungsprozesses.

Denn insgesamt gibt es in Deutschland – bei mehreren Tausend Kommunen - noch zu wenig praktische Erfahrungen in Verbindung mit der Doppik.

In den nächsten Jahren gilt es daher, weitere praktische Erfahrungen hinsichtlich dieser Thematik zu sammeln, um auf dieser Grundlage verbindliche Aussagen über die Vorteile und Nachteile bzw. den Nutzen der Doppik treffen zu können.

Literatur- und Quellenverzeichnis

Bücher, Zeitschriften

Bienheim, W.-R., 1989: Projekte: Nur die richtige Aufbauorganisation sichert Erfolg. in: IO Management. Nr. 12. S. 67–68.

Fehlau, E., 1997: Kontrolle ist gut, Steuerung ist besser, in: ManagerSeminare. Nr. 26, S. 74 – 82.

Innenministerkonferenz, 2003: Beschluss der Innenministerkonferenz vom 21.11.03 zur Reform des Gemeindehaushaltsrechts.

KGSt-Bericht, 2/2004, 2004: Einführungsstrategien für das Neue Haushalts- und Rechnungswesen, Köln.

KGSt-Handbuch Organisationsmanagement, 1999 in: Kapitel 3, Gestaltung von Veränderungsprozessen, S. 3-44.

Kohlhase, Martin, 2005 in: pwc: real estate, Ausgabe v. April 2005, S. 4-5.

Kohlhase, Martin, 2005 in: pwc: real estate, Ausgabe v. August 2005, S. 4-7.

Kohlhase, Martin, 2006 in: pwc: real estate, 1. Ausgabe v. 2006, S. 4-7.

Kreissparkasse Köln, 2002: Leitfaden zur Bewertung des kommunalen Vermögens für die Eröffnungsbilanzierung im Rahmen der Einführung eines doppischen Kommunalhaushaltes, elektronische Datei: www.sgk-online.net

Kröll, Ralf, 2002 in: Sachwertverfahren Profi-Methoden, elektronische Datei: www.immobilienbewertung-online.de/pdf/sachwertverfahren.pdf

Ridder, H.-G.; Bruns, H.-J.; Spier, F., 2003: Gestaltungsfelder der Einführung des Neuen Kommunalen Finanzmanagements in Kommunen. In: Innenministerium des Landes Nordrhein-Westfalen (Hrsg.): Neues Kommunales Finanzmanagement. Abschlussbericht des Modellprojekts „Doppischer Kommunalhaushalt in Nordrhein-Westfalen" 1999-2003, Haufe, Freiberg, S. 111-139.

Scherpner, C.; Form, S., 2003: Projektorientiertes Chancen- und Risiko-Controlling. in: Controlling, Heft 10, S. 543-553.

Witschi, U.; Schlager, G.; Scheutz, U., 1998: Projektmanagement in komplexer werdenden Situationen. Vom Nutzen des systemischen Ansatzes beim Projektmanagement. in: Organisationsentwicklung Nr. 1, S. 76-87.

Internet (Abrufstand: 19.08.2006)

www.bund.de

www.doppik.de

www.doppik-nrw.de

www.doppik-sachsen.de

www.immobilienbewertung-online.de

www.kpmg.de

www.pwc.com/de

www.sgk-online.net

www.smi.sachsen.de

www.statistik.sachsen.de

Gesetze, Verordnungen & Richtlinien

Baugesetzbuch (BauGB)

Gemeindehaushaltsverordnung (GemHVO)

Handelsgesetzbuch (HGB)

Kommunalhaushaltsverordnung (KomHVO)

Kommunale Kassen- und Buchführungsverordnung (KomKBVO)

Kommunalkassenverordnung (KomKVO)

Sächsische Gemeindeordnung (SäGemO)

Sächsische Haushaltsordnung (SäHO)

Waldbewertungsrichtlinie (WaldR)

Wertermittlungsverordnung (WertV)